Edda Brehm

Individuation – Überwindung einer Depression

Band 1

Edda Brehm, geboren 1938 in Bremen.

Studium der Philosophie, Germanistik und Geographie an den Universitäten Marburg, Wien, Tübingen; Fernstudium Religionspädagogik.

35 Jahre Lehrerin am Gymnasium; Oberstudienrätin. Lebt in Bremen.

Edda Brehm

Individuation
Überwindung einer Depression

Band 1

Der Clown
Bilder aus dem Unbewussten

opus magnum

Bibliografische Information der Deutschen Nationalbibliothek
Die Deutsche Nationalbibliothek verzeichnet diese Publikation in der Deutschen Nationalbibliografie; detaillierte bibliografische Daten sind im Internet über http://dnb.d-nb.de abrufbar.

Umschlaggestaltung, Grafik und Layout: Dr. Lutz Müller

Umschlagmotiv: Edda Brehm

Herstellung: Book on Demand GmbH., Norderstedt

ISBN 13: 978-3-939322-05-4

Inhalt

Einleitung

Das vorliegende Buch »Individuation – Überwindung einer Depression« besteht aus zwei Teilen: aus einem Bericht (Bd. 1) »Der Clown – Bilder aus dem Unbewussten« und aus einer Märchensammlung (Bd. 2): »Vom Kind, das die Sonne fand« und andere Geschichten.

Es enthält die Verarbeitung meiner Lebensproblematik, Hintergründe und Auswirkungen. Seit einer Psychoanalyse in den Jahren 1981-1988 habe ich Zugang zu meinem Unbewussten gefunden und nach und nach ließ ich mich auf das Abenteuer ein, immer tiefer hineinzuhorchen, was mir von dort mitgeteilt wurde. Hieraus ging ein Dialog zwischen dem Unbewussten und mir hervor. Ich begann aufzuschreiben oder zu malen, was ich innen sah und erlebte. So entstanden nach und nach etwa hundert Märchen (seit 1970) und hunderte von Bildern (seit 1983).

Indem ich über meine Texte und Bilder nachdachte, gingen mir die Augen auf für bisher unbewusste Zusammenhänge in meinem Leben. Ich entdeckte durchgängige Fragestellungen, wiederkehrende Motive, die sich veränderten und weiterentwickelten. Ich merkte, dass Themen erst gefunden werden mussten, dass sie dann verarbeitet wurden; dass die Suche nach der Lösung eines Problems auch Umwege, Irrwege, Sackgassen einschloss. Schließlich erlebte ich die Überwindung von Konflikten, die mich bedrängt hatten.

Die Märchen sortierte ich nach den in ihrer Mitte stehenden Hauptpersonen oder Motiven, entsprechend der Darstellung des Individuationsprozesses nach C. G. Jung. So entstanden acht Kapitel, in denen ich die Texte in der Reihenfolge ihrer Entstehung anordnete. Dabei stellte ich fest, dass in jedem Kapitel ein Problem bis zu seiner Lösung behandelt wird.

Die Bilder gingen meist auseinander hervor. Sie führten mir in ihrer Abfolge ein Problem vor Augen, das ich oft nicht verstand. Legte ich dann sich entsprechende Blätter übereinander, erkannte ich – manchmal im Laufe von Jahren – Abweichungen und Veränderungen. So wurden zunächst übersehene Zusammenhänge sichtbar und damit bewusst, woraufhin sie verarbeitet werden konnten. (Die Bilder sind meist Aquarelle über Federzeichnungen. Sie verweisen auf psychische Inhalte und sollten nicht mit ästhetischem Anspruch angeschaut werden.)

Diese Märchen und Bilder sowie einige Träume aus den Jahren 1970 bis 2007 bilden die Grundlage für die Überlegungen und Interpretationen des Berichtes »Der Clown«.

Ich habe seit 1990 versucht, die Fülle des Materials zu sichten, einzelne Themen auszugrenzen und – mithilfe der angegebenen Literatur – den in der Psychoanalyse ausgelösten Entwicklungsprozess aufzuarbeiten und darzustellen. Mehrere Fassungen dieses Buches zwischen 1990 und 2005 zeigen, wie ich den Gedankengang immer wieder aufgenommen, ergänzt und weitergeführt habe.

Bericht und Märchenbuch haben einen sich entsprechenden Aufbau, wenn die Kapitel auch nicht deckungsgleich sind.

Mit diesem Bewusstwerdungsprozess ist mein Leben vergangen. Je länger ich auf das Unbewusste höre, umso mehr staune ich, wie es mich durch die Krisen meines Lebens führte, mir Selbsterkenntnis schenkte und mich befähigt zur Lebensbejahung und Sinnerfüllung.

Dies ist eine Erfahrung, die ich weitererzählen möchte.

Bremen, im Januar 2008 Edda Brehm

I. Entdeckung des Unbewussten

»Sie sollten etwas Verrücktes tun«, sagte mein Analytiker, und er meint, dass ich tun solle, was ich eigentlich verurteile. Denn mein Bewusstsein lässt meinen Gefühlsbereich nicht zu. Darum sehe ich mich im Traum immer wieder trauernd auf dem Friedhof. Etwas Verrücktes tun? Ich horche in mich hinein. Dabei gehe ich über den Friedhof. Mir fällt nicht auf, dass ich wiederhole, was ich träumte. Etwas Verrücktes tun? Am Abend nehme ich ein Stück Papier und Filzstifte: Wie hat sich Jonas gefühlt, vom Wal verschlungen, dort unten in der Tiefe des Meeres? Wie war ihm zu Mute, zusammengekrümmt, nach Luft ringend. Ich höre seinen Schrei:

Ich rief zu dem Herrn in meiner Angst,
und er antwortete mir;
ich schrie aus dem Bauche der Hölle,
und du hörtest meine Stimme.
Du warfest mich in die Tiefe mitten im Meer,
dass die Fluten mich umgaben;
alle deine Wogen und Wellen gingen über mich,
dass ich gedachte, ich wäre von deinen Augen verstoßen, […]
Wasser umgaben mich bis an mein Leben,
die Tiefe umringte mich;
Schilf bedeckte mein Haupt.

Ich sank hinunter zu der Berge Gründen;
die Erde hatte mich verriegelt ewiglich;
aber du hast mein Leben aus dem Verderben geführt,
Herr, mein Gott.
Da meine Seele in mir verzagte, gedachte ich an den Herrn;
und mein Gebet kam zu dir […]
Ich will mit Dank dir opfern […]
denn die Hilfe ist des Herrn.
Und der Herr sprach zu dem Fisch,
und der spie Jona aus ans Land! (Jona 2)

Verschnürt wie eine Mumie male ich ihn in einem schwarzen Ungeheuer, darüber Wogen, in denen der Text blutrot verläuft (Abb. 1, S. 11 oben).

Der Wal muss größer sein, finde ich und beginne neu. Die Gestalt wird erkennbar; gelbe Farben dringen in die dunkle Tiefe. Nein, so stimmt das Bild nicht; eine Stelle ist zu schwarz geworden. Wieder fange ich neu an.

Bis in die halbe Nacht hatte ich gemalt, nun suche ich den ganzen Tag lang das richtige Bild: Der Fisch wird kleiner, die Wogen werden größer; Licht dringt in die Tiefe. Es entstehen Sterne, wie ich plötzlich merke. Sie bilden sich auf den Wellen (Abb. 2, S. 11 unten).

Warum male ich eigentlich bis zum Rand des Blattes? Es ist beklemmend, dass sich das Meer unbegrenzt nach allen Richtungen dehnt. Ich beginne zum vierten Mal. Von 8 bis 22 Uhr male ich. Die Wellen, die den Wal umschlungen haben, werden eingegrenzt; immer mehr Sterne schwimmen auf ihnen; in sich verkleinernden Kreisen erreichen sie den Wal, erreichen sie Jonas. Das große Schwarze in der Mitte des Meeres wird einbezogen in die Wellenbewegung (Abb. 3, S. 13 oben).

Als ich fertig bin, beschaue ich das Bild. »Es ist ja ein Schneckenhaus!« sage ich zu mir; und nun male ich weiter, noch einmal neu, ergriffen von der inneren Notwendigkeit, fortzufahren, zu tun, was mir von innen mitgeteilt wird. Mitten in der Nacht ist das Schneckenhaus fertig. Der Wal in seinem Zentrum ist klein geworden; Jonas, zerquält und verkrümmt, ist nur noch ein Pünktchen. Aber ich bin nicht fertig.

Am nächsten Tag sehe ich die Form vor mir, geordnet, abstrakt, in kreisender Bewegung. Das Schwarze ist einbezogen in ein rotierendes Rad; alle Farben des Regenbogens kommen vor; und wo die schwarze Linie das Schneckenhaus verlässt, wird sie rot (Abb. 4, S. 13 unten).

Ich betrachte die Bilder nebeneinander und staune. Was ist geschehen? Was habe ich gemacht in diesen Tagen vom 16. bis 22. 06. 1983, in meiner ersten Ferienwoche in diesem Sommer?

Ich habe etwas an mir erfahren: Mein Unbewusstes hat mich geleitet; ich habe mich von ihm führen lassen. Es hat mir eine Einsicht vermittelt, emotional, die ich bisher alle Probleme rational lösen wollte. Ich fühle es: Jonas geht nicht zu Grunde in der Tiefe des Meeres; das ungeheuerliche Schwarze wird einbezogen in eine neu geschaffene, geordnete Welt.

Ich rief zu dem Herrn in meiner Angst, und er antwortete mir,
ich schrie aus dem Bauche der Hölle, und du hörtest meine Stimme.
Du warfest mich in die Tiefe mitten im Meer, daß die Fluten mich umgaben,
alle deine Wogen und Wellen gingen über mich, daß ich gedachte, ich wäre von
deinen Augen verstoßen ... Wasser umgaben mich bis an mein Leben, die Tiefe
umringte mich; Schilf bedeckte mein Haupt. Ich sank
hinunter zu der Berge Gründen; die Erde hatte
mich verriegelt ewiglich;
Aber du hast mein Leben
aus dem Verderben geführt, Herr, mein Gott. Da meine Seele
bei mir verzagte, gedachte ich an den Herrn, und mein Gebet
kam zu dir ... Ich will mit Dank dir opfern ...
denn die Hilfe ist des Herrn.
UND DER HERR SPRACH ZU DEM FISCH, UND DER SPIE JONA AUS
ANS LAND.

»Ich schrie aus dem Bauche der Hölle, und du hörtest meine Stimme.« Was ist »der Bauch der Hölle«? Wo befinde ich mich im Sommer 1983 und viele Jahre vorher schon, ohne es sagen zu können?

Gleichzeitig mit der ersten Bilderserie schreibe ich »Die Geschichte vom Staubwald« (I, 7. Siehe Inhaltsverzeichnis von Band 2, »Vom Kind, das ... «). »Man kann nicht malen,« behaupte ich, »was das Schwarze ist, darum erzähle ich, wie es dort aussieht.« Der Jäger in dem Märchen dringt in eine Totenlandschaft ein:

[...] die Gegend, durch die er kam, wurde fremder und fremder. Wohl umgab ihn noch ein Wald, doch er war grau und ohne Farben. Bäume und Sträucher standen da, unbewegt. Wohin er auch trat, der Boden war weich; Aschenschichten bedeckten ihn. Kein Laut war zu hören. Manchmal rief der Wanderer in die Stille hinein: »Hallo, hallo! Bin ich denn ganz alleine hier!« Dann hörte er wohl ein leises Rieseln und Rascheln. Und er sah feinen Staub an den Baumstämmen abwärts fallen. »Was ist mit diesem Wald?« fragte er sich. Er stieß mit dem Fuß an die Farne und das Gesträuch, da fielen sie in sich zusammen. Etwas Staub wirbelte auf und zur Erde zurück. Er tastete vorsichtig mit den Händen an den Stämmen der Bäume entlang; die Rinde zerfiel und zerstäubte. Er schlug in seinem Schrecken mit der Faust gegen einen Stamm, da brach der ganze Baum über ihm zusammen, und das fallende Geäst erschütterte die Kronen der nebenstehenden Bäume; und das Niederbrechen setzte sich fort. Staubwirbel bildeten sich überall, dann sank der Staub.

Der Wanderer stand, die Hände ins Gesicht gepresst, bewegungslos eine unendliche Zeit. Als er sich aus seiner Starre löste, als er wieder aufschaute, stand er allein auf einem Aschenland. Nun sah er den Horizont rund um sich. Ein paar Baumstümpfe ragten etwas höher über den Boden; an einigen Stellen hatten sich kleine Hügel von Asche gebildet.

Der Wanderer wandte sich hierhin und dorthin. Noch wirbelte die Asche auf, wenn er hineintrat, noch bröckelten die letzten Äste auseinander. (I, 7)

Später heißt es weiter: *Manchmal rief er mit heiserer Stimme Sätze hinaus in die Leere. [...] Aber was da hörbar wurde, waren gekrächzte Laute, unverständlich. Als er keinen Schritt mehr gehen konnte, kauerte er sich auf einigen Steinen zusammen. Er zog seine Jacke über seinen Kopf und schloss die Augen. »Komm, Bruder Tod,« murmelte er. (I, 7)*

Viele Märchen habe ich geschrieben. Ich denke sie mir nicht aus. Ich schreibe nur auf, wo sich Personen, die ich vor mir sehe, befinden; was mit ihnen geschieht; was sie erleben. Die Geschichten werden mir von innen erzählt. Manche finden keinen guten Schluss; manche schreibe ich später neu. Erst im Laufe der Jahre fällt mir der Zusammenhang der einzelnen Geschichten, fallen mir Veränderungen, Entwicklungen auf.

Die Personen sind alleine unterwegs in Sand-, Schutt- und Eiswüsten. Sie suchen nach einem Ausweg. Aber für manche endet die Reise in der Gefangenschaft, im Erfrieren, im Versteinern. Manche finden Schlösser und suchen dort Menschen, aber sie sind ganz leer. Manche hoffen nur noch auf Rettung, und einige brechen auch auf, sich selbst zu helfen.

Erzähle ich meine Geschichte?

Wo komme ich vor?

Ich kann nicht reden, ich habe einen »Stein im Mund«, so habe ich geträumt (5/1983). Ich kann mich nicht mitteilen.

Die Traurigkeit, die in mir ist, kommt in meinen Geschichten zum Ausdruck. Ich liebe einen Mann, und das darf nicht sein, damit die Welt draußen in Ordnung bleibt. Abschiednehmen ist mein Teil, und das nicht nur jetzt in den Achtzigerjahren. Erinnerungen aus meiner Studienzeit, von 1963 und 1965, werden wach. Zehn Jahre habe ich damals gekämpft; nun kann ich nicht mehr, nun muss ich mir helfen lassen, um vielleicht verstehen zu lernen, welches fatale Erlebnismuster sich in meinem Leben wiederholt.

Im April 1981 schütte ich meinem Analytiker zum ersten Mal mein Herz aus; im März 1988 bin ich zum letzten Mal bei ihm und danke ihm für seine Hilfe. In diesen sieben Jahren habe ich mein Unbewusstes entdeckt, seine Kraft, seinen Lebenswillen, seinen Überblick. Es ist mein zuverlässigster Gesprächspartner geworden. Nach und nach überließ ich ihm die Führung. Und es hat mich herausgebracht aus den Wüsten und Todeszonen.

Ich bin einen weiten Weg gegangen.

Gegen Ende der Analyse taucht dieser Weg in den Märchen auf: Er stellt sich z. B. dar als die Geschichte eines Hausputzes oder des Wiederaufbaus eines ganzen Schlosses, wobei wunderbare Funde zu Tage kommen (III, 6).

Wie mühsam die Arbeit war, wie kleinschrittig und wie fern von den anderen, erzählt die Geschichte vom Waldkind (III, 5), das eine Straße sieben Jahre lang durch eine Kloake baut.

Es erlebt auch, wie schrecklich der Weg ist, heranzukommen an die krankmachenden Gestalten der Kindheit, die Hexe zum Beispiel. Denn sie wohnt »hinter der Hölle« (II, 5).

Dornröschen schließlich muss sich durch die Dornenhecke hindurch kämpfen, um sich zu befreien (III, 3).

Unendlich mühsam war diese Arbeit. Nur langsam bildete sich ein kleiner Gang im Dornengebüsch. Aber Dornröschen gab nicht auf. Unzählige Risse bedeckten Hände und Füße, das Kleid hing in Fetzen herunter. Aber Dornröschen gab nicht auf.

Das Ziel dieses weiten Weges zeigt sich der Frau, die der Macht des Marionettenspielers Widerstand leistet (IV, 4). Sie findet einen Ratgeber. Sie erzählte ihre Geschichte und weinte.

»Wohin willst du nun gehen?« fragte der Mann mit der Pfeife. Er wartete, und die Frau dachte nach. Sie betrachtete seinen Lehnstuhl. Er war wohl hundert Jahre alt. Dunkelbraun war sein Holz. In die Lehne war ein Fischer hineingeschnitzt mit einem bärtigen Gesicht, einer Pfeife im Mund.
»Ich will die Sonne um Rat fragen,« sagte die Frau.
»Und den Mond,« sagte er.
»Und die Sterne auch,« fuhr sie fort.
Dann sagte sie nach einer Weile:
»Ich will auch die Tiere um Rat fragen,«
»und die Pflanzen,« ergänzte er,
»und die Steine an meinem Weg,« fügte sie hinzu.
»Du hast einen weiten Weg vor dir,« sagte er, »lebe wohl.«

In dieser Geschichte sind Sonne, Mond und Sterne die Stationen einer langjährigen Suche nach einer Möglichkeit zur Erlösung des Geliebten der Frau.

Seit ich zu malen begann, ist ein Stapel von Bildern entstanden; dazu habe ich hunderte von Träumen notiert:

Aber wo ist der rote Faden?

Wo geht es lang?

Wie in einem unaufgeräumten Nähkasten sieht es in mir aus. Alle Garnspulen sind abgerollt; alle Fäden sind miteinander verwirrt. Wo immer ich zupfe und ein buntes Fädchen zu fassen kriege, ist es mit anderen verknotet. Ich weiß nicht, wo ich anfangen soll, um Ordnung zu machen. So tappe ich im Dunklen.

Die Gegenwart bedrängt mich sehr.

Alles, was ich erlebe, hängt für mich mit Robert (Name wurde geändert) zusammen, den ich liebe. Ein Schlaganfall machte die Mutter pflegebedürftig. Ich versuche, ihr den Garten zu erhalten. Dazu kommt meine tägliche Arbeit.

In den Sommerferien 1984 kann ich mich zurückziehen und nun konzentriere ich mich auf meine inneren Bilder: Die rote Blume, die auf dem Kopf eines traurigen Clowns wächst, wandelt sich dabei nach und nach in einen Edelstein. Ich suche seine Struktur. Skizze um Skizze entsteht, bis auf einmal sich alle Formen in einem Achteck zusammenfügen lassen. Mein Edelstein hat eine siebeneckige und fünf fünfeckige Schliffflächen. Er schimmert in allen Regenbogenfarben (Abb. 5, S. 19).

Warum bin ich so glücklich? So aufgeregt?

Halte ich eine große Kostbarkeit in Händen?

So wertvoll kommt mir mein Blatt vor.

Schon am nächsten Tag erlebe ich, was ich gewonnen habe.

Die Krankensituation der Mutter bringt mich in Bedrängnis, Panik steigt in mir auf. Da beginnt der Diamant zu funkeln in mir; und ich weiß, dass ich nicht untergehen werde. Von nun an wird dieser Diamant in mir aufleuchten, wenn ich nicht mehr weiter kann.

Und von nun an ist meine analytische Arbeit thematisch geordnet. Das Unbewusste übernimmt die Steuerung.

Später werde ich nachlesen, was ich gemalt habe: Ich habe mein Individuationssymbol gefunden.

Zwei Themen treten nun deutlich hervor, und mit ihnen muss ich mich auseinandersetzen:

Welche Rolle hat meine Mutter, welche mein Vater in meinem Leben gespielt?

Und wie hängt meine Beziehung zu Robert mit ihnen zusammen?

ein Mensch, der mich liebt
in Liebe

II. Der Clown

Ein Bild nach dem anderen entsteht.

Einmal schneide ich aus einer Terre-des-Hommes-Zeitschrift ein Kinderbild aus, das mich berührt; dem Kind will ich alle Dinge malen, die es braucht. Es sei ganz leicht, denke ich, ihm die schönen und bunten Sachen zu schenken, Spielzeug, Lebkuchen, Obst, eine Sonnenblume. Doch eine Leerstelle bleibt, etwas fehlt noch; es braucht noch mehr. Ich kann es nicht malen; es ist nicht da, innen, von wo ich die Bilder hole. Was gehört hierhin an die Seite des Kindes in seiner Not?

»Ein Mensch, der mich liebt« schreibe ich in die Leerstelle. Der Platz bleibt offen. Ich lege das Blatt zur Seite (Abb. 6, S. 21).

Was ist geschehen? Woher kommt die Traurigkeit, die mich plötzlich erfasst hat? Sie wird sich ausweiten in den nächsten Tagen. Ich bin an einen wunden Punkt gekommen; ich habe eine alte Trauer aufgespürt, die in meine Kinderzeit gehört. So unmittelbar kann ich mit ihr nicht leben. Wie ich mir die Welt im Alter von vier Jahren vorstellte, habe ich einmal in einer regressiven Phase wiedergefunden. Ich malte wie damals: Ich habe meinen Ort in der Mitte der Familie, in der Mitte einer heilen Welt. So hätte das Leben sein sollen.

Aber es ist anders gewesen.

Zwei Jahre später wagt sich das Unbewusste noch weiter vor in die Bilder der Vergangenheit. Ich schreibe »Das Märchen vom Maler« (V, 3), der sich immer tiefer in den Wald hineinlocken lässt, dann in das nächtliche Schloss vordringt, bis er in dessen Mitte entdeckt, was er durch sein Malen wieder beleben kann: das tote Mädchen.

Aber nun, im September 1983, breche ich erst einmal das Malen ab. Hier kann ich nicht fortfahren. Ich muss einen Neuanfang suchen. Ich kaufe mir einen neuen Malblock und beginne nach einigen Tagen ganz anders, wie ich meine. Der erste Clown entsteht. In den folgenden Jahren habe ich immer wieder den Clown gemalt. Was er eigentlich bedeutet, wen er darstellt, wusste ich nicht. Er tritt auch als Jongleur auf, balancierend mit Objekten, die er auf dem Kopf, in seiner rechten und linken Hand trägt. Auch sein Standort ist wichtig.

Stelle ich mich selber dar, meine Lasten ins Gleichgewicht bringend?

Erst im November 1989 beginne ich zu sehen.

Wenn ich nämlich die Bilder übereinander lege, sehe ich, wie der Clown in seiner Verkleidung, wie die Gestalten auf und neben ihm deutlicher hervortreten. Ich bin es, die mit einem kläffenden Ungeheuer auf der einen, mit dem Tod auf der anderen Seite fertig werden muss. Rechts ist das Angekettetsein dargestellt, links das Wegfliegenwollen in den Bereich der Fantasie (Abb. 7, S. 25 und Abb. 8, S. 27).

So habe ich mich arrangiert mit den bedrohlichen Gestalten, die mit dem ersten Clown ins Bild traten. Und wenn der Clown auch nur mit der Zehenspitze noch die Erde berührt oder auf einer Träne steht, so soll er doch mit dem Elefanten auf dem Kopf aufgerichtet bleiben. Der zeigt sich schon bald als die rote Blume.

Eine Karikatur schließlich gibt den Gestalten, die das Unbewusste ins Bild brachte, Namen: Was mich von rechts bedrängte, zeigt sich nun als die Problematik, die ich mit meiner Mutter habe (Abb. 9, S. 29).

Auch die Totengestalt wird identifizierbar: Ich schleppe einen Koffer mit mir herum, voll gepackt mit den Lasten, die aus dem Dritten Reich und der Dritten Welt in mein Leben eingedrungen sind. Später (vgl. Kap. V) male ich einmal diese abgeworfenen Lasten; es ist ein riesiger Berg von Kisten, Koffern, Säcken und ein Steinhaufen mit einer Aufschrift, die für alle steht: Auschwitz (Abb. 31, S. 109).

Von oben aber drückte mit dem Tonnengewicht eines Elefanten die Geschichte meiner Liebe, als eine Wiederholung von Abschieden: in Tübingen, in Marburg, in Bremen.

Aus der Rückschau von heute weiß ich, warum ich mich sieben Jahre an die Arbeit gemacht habe: Es ging ums Überleben.

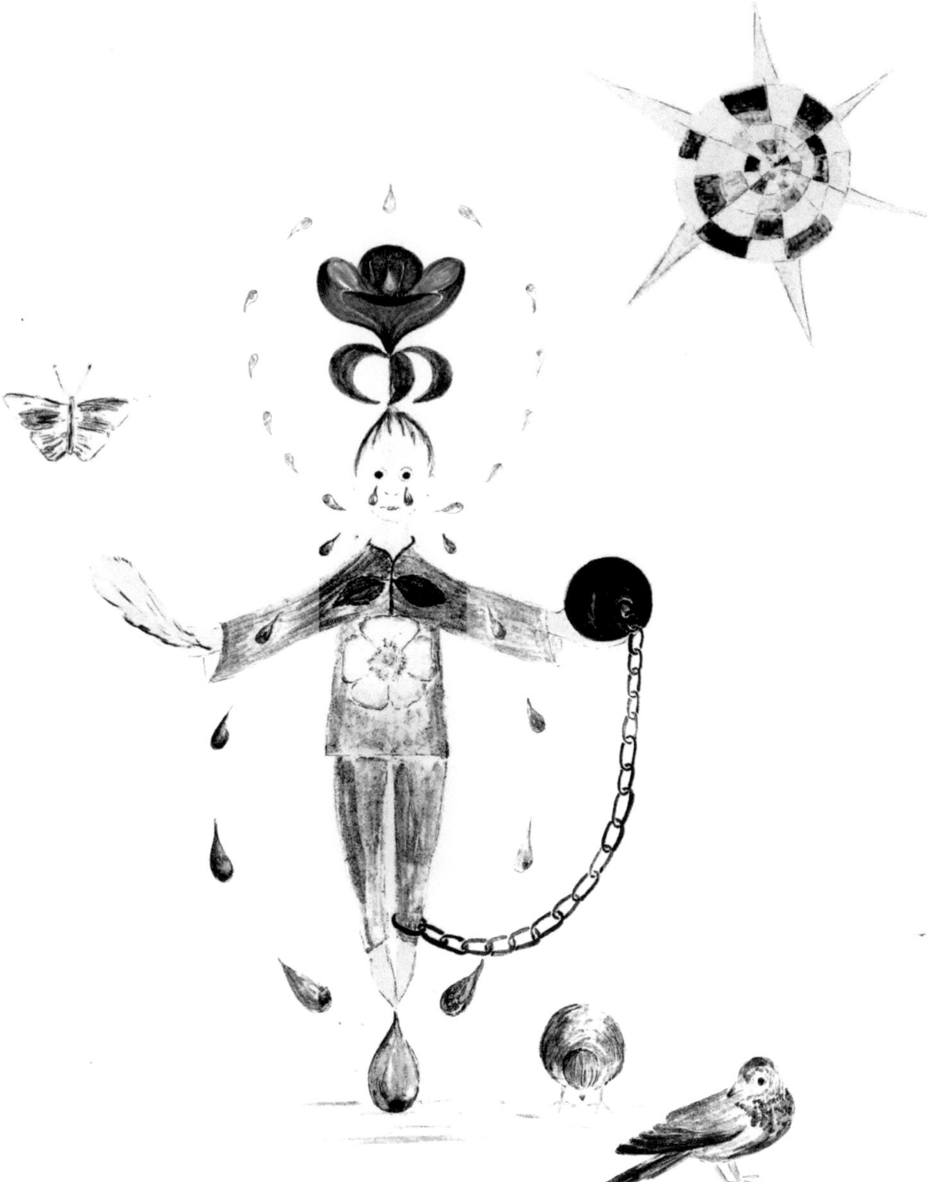

du hast meine Ehe gerettet!
ich wollte nur ein kollegiales Verhältnis
ich bin doch nur Ihr Assistent!
wenn ich dich nicht hätte!
3. REICH
draußen
3. Welt

III. Der Kampf mit der Mutter

Die negative Mutter

Natürlich wusste ich, dass ich Probleme mit meiner Mutter habe. Aufopfernd hatte sie uns Kinder durch die Not der Nachkriegsjahre gebracht; woran ich mich dankbar erinnere. Später aber war für mich neben ihr kein Lebensraum. Sie gab den Ton an; sie hatte die Herrschaft inne. Was sie tat, war richtig; was sie wollte, geschah. Dabei tat sie alles nur »für uns«, die Kinder. Wir durften nicht wir selber werden, uns nicht abgrenzen und ablösen. Sie identifizierte uns mit sich; sie reflektierte nicht unseren Widerstand. Verselbständigung wurde bekämpft; neue Bezugspersonen wurden angefeindet; der eigene Lebensweg mit Schuldgefühlen überhäuft. Denn, wollten wir gehen, fesselte sie uns in der Rolle der Einsamen, Kranken und Alten.

Über meiner Entwicklung stand ihr NEIN: »Das kannst du nicht! Das darfst du nicht!« Und später die fatale Konsequenz: »Du bist ein Nichts!«

In meinen Märchen traten immer wieder Gestalten auf, die der Fluch einer bösen Mutter getroffen hatte; aber ihre Vorgeschichte blieb meist im Dunklen.

Waren es Töchter, so wurden sie eingesperrt (II, 1); sie kamen in einen Glassarg (V, 3); sie wurden zu Stein (II, 5). Waren es Söhne, so wurden sie zu Lastträgern (V, 7) oder in wilde Tiere verwandelt, die sich versteckten (V, 2; IV, 6).

Nur die Erlösungssehnsucht war durchgängig. Ich merkte nicht, dass die Suche nach Erlösung zum Grundmotiv meines Lebens wurde; dass ich sie auf andere Menschen projizierte, wodurch sich eine Enttäuschung nach der anderen wiederholte. Niemand wollte und konnte mein »Erlöser« sein. Dabei wurde ich schon 1969 zu Beginn einer Therapie auf dieses Thema aufmerksam gemacht. Ich träumte:

Neben der Marburger Universitätskirche befindet sich ein archaisches Bauwerk: Es ist ein tief in die Erde führendes, weites Rondell mit einem von oben noch sichtbaren Hof in der Mitte und an den Wänden umlaufenden steinernen Galerien. Ich klettere hinab auf den Grund des Innenhofes.

Unbehagen und Angst erfüllen mich, als ich sehe, dass der Hof nicht geschlossen ist, sondern an einer Seite in vorne noch erleuchtete Gewölbe und sich in der Tiefe verlierende dunkle Gänge hineinführt. Wächter warnen mich vor dem Weitergehen. Nun sehe ich: Unter den Bogengängen liegt, nur zum Teil sichtbar, ein erschreckendes Wesen. Es hat riesige Vogelbeine und Krallen, einen krokodil- oder schlangenähnlichen Leib, einen fratzenhaften, nicht menschlichen Kopf. Es ist, auf dem Rücken liegend, magisch beleuchtet, von anderen Wesen bedient: eine Göttin. Die ungeheuerliche Atmosphäre bringt mich zur Flucht. [...] (4/1969)

Schon damals stand ich dem Urbild der negativen Mutter gegenüber. Aber den Kampf mit dieser Göttin aufzunehmen, das wagte ich erst fast zwanzig Jahre später.

Im September 1984 habe ich dann genau hingeschaut, zwischen welchen Mutterbildern sich das Kind befand. Da traten sie heraus aus dem Dunkel des Unbewussten, die angstmachenden Bilder: die Todesmutter und die Spinnenhexe.

Die eine drängt dem Kind den Apfel auf, der aber vergiftet ist. Die andere schenkte ihm ein Püppchen, um sich hintenherum in das Kind zu verkrallen (Abb. 10, S. 33).

Die Geschenke sind gefährlich; sie fesseln und töten. Das Kind aber merkt die Gefahr nicht. Es ist abgelenkt, verträumt.

Neben diese Gestalten tritt eine liebe Großmutter ins Bild: sie bringt einen Kuchen. So erlebte ich Zuwendung und Fürsorge der guten Mutter.

Ein Jahr später male ich einmal den Mutterkomplex klar abgegrenzt. Wie kann ich mich befreien von dieser grauen Gestalt unter dem spitzen Hut im Spinnwebendickicht, in dem der Wolf todbringend lauert (Abb. 11, S. 35)?

Die Auseinandersetzung mit der negativen Mutter

Ja, kann ich überhaupt den Kampf aufnehmen?

Sind die Gegner nicht zu ungleich?

Die Übermacht des bösen Mutterbildes ist deutlich; das Kind flieht und verkriecht sich in sein Schneckenhaus.

Da male ich ein mir zunächst ganz unverständliches Bild: den kaukasischen Teppich. Die Sternenmuster interessieren mich. Es gibt ja so viele Formen von Sternen!

Ich entwerfe immer neue Bilder; mal sind die Sterne geometrisch, dann wieder malerisch; sie werden rund oder spitz. Schließlich finde ich eine Form, die mich total zufrieden stellt. Es ist ein geometrisches Gebilde, wie es in Hirtenteppichen vorkommt. Was mag dieses Motiv symbolisieren? Ich suche es im Buch über Orientteppiche. Ja, da ist es abgebildet! Ich staune! »Die Spinne« heißt es. Ich habe unbewusst die Spinne als Stern gemalt? Böses kann gewandelt werden zu einem neuen, mich beglückenden Inhalt?

Gleich male ich weiter: die Spinne und die Schnecke. Das Schneckenhaus ist im Spinnennetz gefangen; aber eine Wirbelbewegung entsteht. Das Netz hält nicht mehr; vorne am Eingang zum Schneckenhaus ist es schon vielfältig geflickt!

Da ändert sich das Bild wieder. Noch einmal beginne ich zu malen mitten in der Nacht. Ich sehe das Spinnennetz nun perspektivisch als einen Raum, durch den man gehen kann. In der Ferne ist eine Öffnung; auf sie steuert die Schnecke zu.

Es gibt einen Ausweg!

Es gibt einen Weg durch das Spinnennetz!

Es wird mich nicht länger gefangen halten!

Mein Unbewusstes macht mir Mut: Lass dich nur ein; schau genau hin; du kommst da durch!

Im Dezember 1986 schreibe ich auf einmal mein Leben als die Geschichte des »Waldkindes« auf (II, 5). Vier Muttergestalten treten nacheinander auf, mit ihnen muss sich das Kind auseinandersetzen:

1. Die Frau des Anfangs »hatte zwei Töchter und wünschte sich so sehr einen Sohn. Als aber ihr drittes Kind geboren war, war es wieder eine Tochter.« Wie oft hat die Mutter ihre Enttäuschung über meine Geburt als Mädchen erzählt. Wie muss ich mich abgelehnt gefühlt haben als Kind. Das Kind im Märchen verwandelt sich »in der Wiege zu einem Stein, und es lag da, stumm und tot.«

So wird es denn fortgeworfen in den Wald hinein, in die Welt der Träume und Fantasien, wo es, auf sich gestellt, aufwächst.

Am Anfang steht also eine Geschichte der Ablehnung, der meine Introversion, mein Rückzug ins Unbewusste, korrespondiert.

2. Als es älter wird, ist das Waldkind der Herrschaft eines Königspaares ausgesetzt; es entspricht wohl der Mutter meiner Pubertätszeit. Das Kind wird bloß- und zur Schau gestellt: es ist gefangen in ihrem Machtbereich. Sein Leben ist in Gefahr.

Auch die »Dreizehnte Tochter« wird von ihrer Mutter in höhere Räume des Schlosses vertrieben und dort durch deren ungeheures Wachstum eingesperrt (II, 1). Im »Märchen vom Maler« (V, 3) sagt die Königin über die tote Tochter: »Ich hatte keine Zeit, mich um sie zu kümmern. Ich hatte zu viel mit der Regierung zu tun. Nun wollte ich sie mir zur Hilfe holen, und sie ist tot.«

Ebenso ist Hans der Frau Ahwasi untergeordnet. Sie lässt Hans wissen: »Ich bin hier Herrin im Haus, und du bist mein Knecht! Wer Schulden hat, muss sie abarbeiten!« (V, 7)

Vom Herrschaftsanspruch negativer Muttergestalten kann auch der Prinz aus dem Porphyrschloss ein Lied singen (IV, 5). Auf der fruchtbaren Insel im Ozean begegnet er der »goldenen Gans«, die ihn fortbeißt; in der Tiefe des Meeres will ihn »die Riesenkrake« verschlingen; und im Dunkel des Waldes verfängt er sich in einer »Dornenhecke«. Alle bedrängten Gestalten können sich retten durch Flucht und List. Aber so einfach ist es nicht, Hexen zu entkommen. In meiner Version von »Hänsel und Gretel« (II, 4) heißt es:

> *Das wussten die Kinder nicht: Wenn eine Hexe getötet wird, hat sie noch drei Leben. Und als der graue Rauch aus dem Backofen stieg und die graue Asche im Backofen zusammenfiel, da stand die Hexe aus Asche und Rauch wieder auf, eine graue Gestalt, und sie nahm sogleich die Verfolgung auf.*

3. Das Waldkind, vor dem Gift der Königin geflohen, weiß nun nicht weiter. Es möchte sterben. Ein Prinz tritt auf, verspricht Hilfe und verschwindet wieder. Das Waldkind wartet.

Dieser Episode liegt eine bittere Erfahrung zu Grunde, die ich als die Geschichte von Anna und Robert in »Der Brief – Mosaik einer Liebesgeschichte« (1988) aufgeschrieben habe.[11]

Das Waldkind projizierte seine Erlösungssehnsucht auf den Königssohn wie Anna auf Robert und suchte in ihm eine gute Mutter, die zu helfen verstand in der Ausweglosigkeit seiner Lebenssituation. Aber es wartet vergeblich auf eine Hilfe. Nur: Indem es sich aufs Warten und Hoffen verlegt, wächst mit der Enttäuschung seine Resignation.

An dieser Stelle der Entwicklung geschieht das Überraschende, Wunderbare: Die Hilfe ist da!

Von wo kommt sie?

Wer ist in der Lage und bereit zu helfen?

Aus dem Dunkel des Waldes tritt auf einmal eine alte, weise Frau an das Kind heran und gibt ihm den richtigen Rat: »Du musst dein Leben suchen,« sagt sie ihm, du musst selber aktiv werden, die Illusion aufgeben, Rettung käme von außen in dein Leben hinein.

In der Waldfrau (Abb. 12, S. 41) tritt mir das Bild der guten Mutter entgegen, wie es in vielen Varianten in meinen Märchen vorkommt.

So läuft das frierende Kind fort zur »Sonne« . Es ließ »das kalte Haus mit seinem Eisblumenfenster zurück«, durchquert die Winterlandschaft, bis es in der großen, dunklen Höhle der Sonne Wärme und Geborgenheit findet (II, 2). Die Bettlerin trifft tief unten im Baum die Alte mit ihren Tieren (VII, 4); auf der einsamen Insel im schwarzen See begegnet sie der Märchenerzählerin, die sie beschenkt.

Diese Mütter sind verbunden mit der Erde; sie kennen den Wald; die Tiere gehören zu ihnen. Sie erscheinen denen, die in Not sind, die vertrieben wurden, die ihren Weg verloren haben. Sie sind da für alle, die nichts hinter sich gelassen haben als ein vereistes Haus (II, 2); auf die die Hunde gehetzt wurden (VII, 4); die auf ihren Tod warten (I, 7; II, 5).

Die alte Waldfrau stellt keine überflüssigen Fragen; sie lässt zu, was ist; sie kritisiert nicht und korrigiert nicht; sie tut das Notwendige: gibt zu essen und trinken, gibt den richtigen Rat.

»Du musst dein Leben suchen,« sagt sie zum Waldkind, »Es wird Zeit, dass du dein Bettelgewand ablegst,« sagt sie zu der Bettlerin und dann: »Suche dir das Kleid aus, das zu dir gehört.«

Die alte Waldfrau, die gute Mutter, rettet vor dem Tod; sie schenkt das Leben wieder. Sie stabilisiert ihren Schützling, aber sie macht ihn nicht abhängig. Kann er wieder alleine zurechtkommen, tritt sie zurück. Sie gehört zum Dunkel des Waldes, in ihre Höhle, in ihre Dachkammer.

Schon 1977 erzählt eine Geschichte von der Bettlerin (II, 3):

Eines Tages erreichte sie eine Erdhütte, aus Lehm und Steinen gebaut und mit einer Holztür geschlossen. Da rief sie durch den Wind: »Lasst mich eintreten; ich bin so hungrig und erfroren!«
Und nun geschah, warum ich die Geschichte erzähle: Die Tür wurde geöffnet; eine ganz alte Frau trat heraus, braun wie die Erde, und sagte: »So komm und bleibe, bis du weitergehen willst.« In der Erdhütte brannte eine Lampe; ein Ofen heizte den Raum; und die Alte gab ihr eine Mahlzeit von Wurzeln und Knollen aus ihrem wilden Acker.
Die Bettlerin hatte die Große Mutter selbst getroffen; und das war ihre Rettung, denn sie brachte ihr ein warmes Kleid und jeden Tag wieder eine Mahlzeit, und sie verlangte keine Auskunft über ihre Reise.

Auf einmal tritt die Waldfrau ins Bild. Ich sehe sie so deutlich vor mir, dass ich sie malen kann; und von nun an male ich ihr Gesicht wiedererkennbar, wo immer sie auftauchen will. Das erste Mal ist es im März 1986. Grimms Märchen vom »Teufel mit den drei goldenen Haaren« hat mich beschäftigt; und die Ellermutter ist es, des Teufels Großmutter, an die ich immer denken muss.

Was tut sie? Was bringt sie fertig?

Sie überlistet den Teufel, um dem Bedrängten zu helfen. Mir verschlägt es den Atem! Es gibt eine Gestalt, die das Böse zum Einschlafen bringt, die es beruhigt, die ihm gelassen begegnet, weil sie mit ihm umzugehen weiß. Ja, sie kann auch dem Teufel noch das Wissen entlocken, das anderen hilft.

Nun begreife ich es: Es gibt eine Stelle, eine Instanz auch in mir, die dem Bösen gewachsen ist, die es entschärft, die es steuern kann.

Des Teufels Großmutter, wie sie das Märchen nennt, ist ja wohl die Erdmutter, die Große Mutter; und ihr Bezug zum Menschen ist so, wie man sie anspricht. Wird sie beachtet, gebraucht, so hilft sie auch.

Da kommt die Erdmutter auf mich zu!

Sie zieht ein Kleid von der Erde ab, bunt, voller Stiefmütterchen, und schenkt es mir. »Aschenputtels Kleid« nenne ich es. Ich spüre ihre Güte, ihre Wärme, ihr verschmitztes Lächeln: »Na, gefällt´s dir?«

4. Die gute Alte weiß, wo Rettung für das Waldkind zu suchen ist:

»Dein Leben ist in der Gewalt der Hexe Peri-Banu. Von ihr musst du es zurückholen. Aber der Weg zu ihr führt durch die Hölle.«
»Wo wohnt die Hexe?« fragte das Waldkind. »Sie wohnt hinter der Hölle. Kein Mensch findet den Weg zu ihr. Niemand kann durch die Hölle gehen.«
»Wie sieht es dort aus?« fragte das Waldkind wieder. »Zuerst musst du den Eiswald überwinden. Niemand kann da hindurch. Meterhoch liegt der Schnee zwischen den Bäumen. Sie sind aus Eis. Ihre Kronen tragen Eislasten; Eiszapfen hängen an den Ästen. Wer sie anstößt, den erschlagen sie. Alles Leben erstarrt im Eiswald. Wer hineingeht, erfriert. Wer einen Weg sucht, stirbt nach wenigen Schritten den Kältetod. Das ist der Eiswald.«
»Wie geht es dann weiter?«
»Dann kommt der Wald aus Feuer. Sollte einer bis hierher gekommen sein, wird er nun verbrennen. Die Bäume stehen in lodernden Flammen; brennende Äste stürzen von oben herab; glühende Asche bedeckt den Boden. Schon in der Nähe des Waldes versengen Menschen und Tiere. Niemand überlebt den Weg durch den Flammenwald.«
»Und was kommt dann?«
»Der dritte Teil der Hölle ist der Spiegelwald. Hier verirrt sich jeder, weil kein Weg zu finden ist. Alle Bäume spiegeln sich ineinander. In den Spiegeln aber siehst du die Menschen, die du kennst, in immer neuen Rollen. Sie zeigen, wer sie sind. Wer durch den Spiegelwald geht, weiß nicht mehr, was die Menschen sind. Und der Liebste von allen, der dir wie ein Engel erschienen war, tritt nun als Teufel auf. Am Ende bist du so verwirrt, dass deine Kräfte dich verlassen.«
»Dahinter also wohnt die Hexe Peri-Banu,« sagte das Waldkind. »Es ist ein weiter Weg zu meinem Leben.« »Du willst es wagen?« fragte die alte Frau.« (II, 5)

Der Weg durch die drei Wälder symbolisiert drei Etappen auf dem Weg zu mir selbst. Was hier nacheinander dargestellt ist, war in den Jahren meiner analytischen Arbeit oft miteinander vermischt; und der Weg dadurch war ein Prozess von Jahren.

Das Bild der Erstarrung, der Vereisung taucht auf wie in anderen Märchen (I, 6; II, 2; IV, 3). Das Unbewusste weiß, dass ich durch Schnee und Eis hindurchgehen muss, dass aber die emotionale Kälte in meinem Leben begrenzt ist und durchgestanden werden kann.

Danach aber bricht das Emotionschaos aus: Der Weg führt durch den »Flammenwald« . Ich wage es zu hassen, zu verachten. Ich lege ab und zu meine moralischen Forderungen an mich ab und lasse meiner Wut freien Lauf.

Das NEIN zu meiner Mutter formuliere ich nur in äußerster Bedrängnis, ihren unreflektierten Forderungen gegenüber. »Wozu hat man denn seine Kinder!«

Den Garten will ich ihr erhalten, aber sie zerstört mir jede Freude dort. Will ich eine wilde Blume wachsen lassen, lässt sie »das Unkraut« ausreißen; freue ich mich an gesunden Trieben, lässt sie sie absägen. Als eine Eberesche im letzten Winkel des Gartens auftaucht – »Das ist mein Baum, ein goldener Baum,« hatte ich gesagt, »er ist von selbst zu uns in den Garten gekommen« – muss sie der Nachbar gegen Bezahlung fällen.

Nein, laut schreie ich meinen Zorn nicht hinaus. Meist ziehe ich mich zurück und ersticke meinen Schrei in meinem Federbett.

Meine Bilder aber ermutigen mich.

Immer noch suche ich »Liebe und Vergebung« als Möglichkeiten meines Lebens; es ist schließlich meine Mutter, mit der ich kämpfe. Doch der Schatten ist da; das Unbewusste ermuntert mich, »Hass und Verachtung« wahrzunehmen. Ja, es ist wohl die alte Waldfrau in mir, die mir zeigt, dass ich mein Leben erst durch den Mut zum Hass finden werde. (Abb. 13, S. 45; Abb. 14, S. 47)

Erst die zweite Fassung der Geschichte der Bettlerin (IV, 6) von 1990 wagt es, den Kampf des unglücklichen Prinzen gegen seine Zauberin-Mutter ins Bild zu bringen. In der Gestalt des Wolfshundes, seit Jahren in seinem Versteck auf Rettung wartend, nimmt er nun selber den Kampf mit der Mutter auf, rast er dem Knäuel nach, das zu ihr führt.

LIEBE
VERGEBUNG

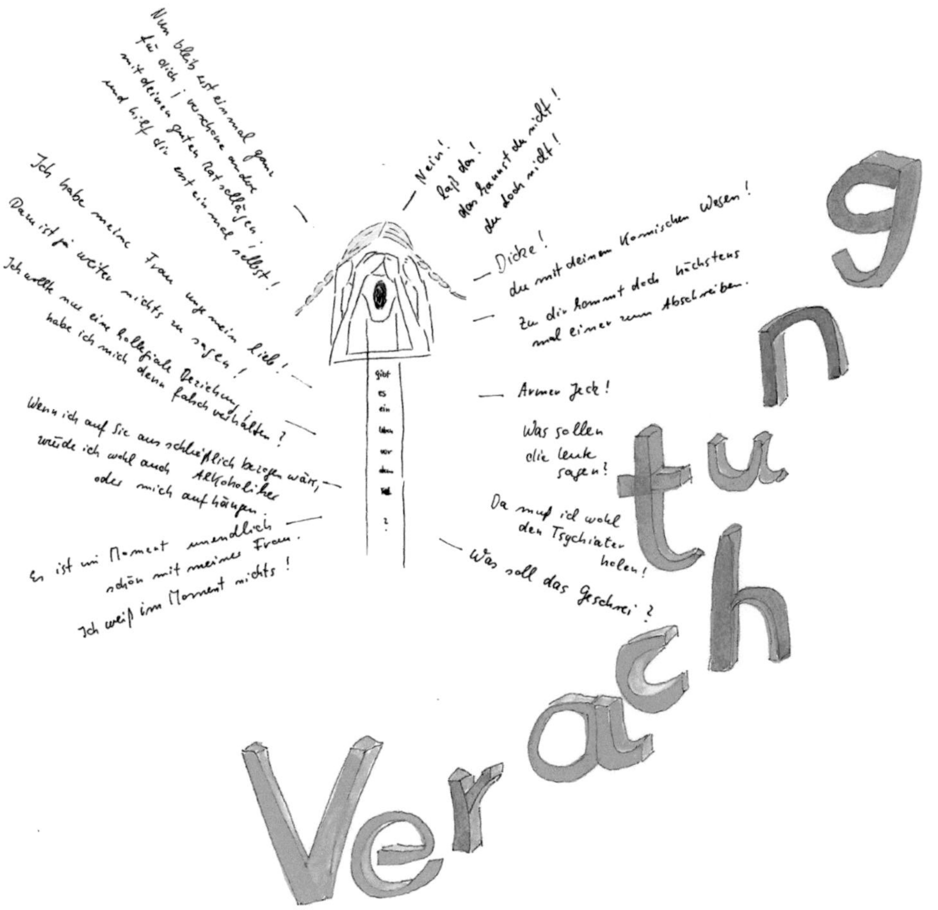
Nun bleib erst einmal ganz für dich; verschone andere mit deinen guten Ratschlägen; und hilf dir erst einmal selbst!
Ich habe meine Frau ungemein lieb!
Dann ist ja weiter nichts zu sagen!
Ich wollte nur eine kollegiale Beziehung; habe ich mich denn falsch verhalten?
Wenn ich auf Sie ausschließlich bezogen wär, würde ich wohl auch Alkoholiker oder mich aufhängen.
Es ist im Moment unendlich schön mit meiner Frau.
Ich weiß im Moment nichts!
Nein!
Laß das!
das kannst du nicht!
du doch nicht!
Dicke!
du mit deinem komischen Wesen!
Zu dir kommt doch höchstens mal einer zum Abschreiben.
Armer Jeck!
Was sollen die Leute sagen?
Da muß ich wohl den Tsychiater holen!
Was soll das Geschrei?
gibt es ein Leben vor dem Tod?
Verachtung

»Ha«, schrie er, »wenn ich dich gefunden habe, wie will ich dich packen, wie will ich dir dein Geheimnis entreißen!«
Einen Tag später: »Wie ich dich hasse, wie meine scharfen Zähne dich durchbohren werden, bis ich die Zauberformel weiß, die mich befreit!« Und am dritten Tag: »Knäuel,« schrie er, »du Teufelsding, willst meine Kraft verbrauchen und führst mich nicht zu ihr? [...] Warte, dich will ich beißen an ihrer Stelle. Ich hätte sie in tausend Stücke zerrissen und mir mein Leben wiedergeholt. Ich gebe nicht mehr auf!«

Inzwischen hat der Wolfshund nämlich gemerkt, dass er nur im Kreis um das Schloss seiner Mutter herumhetzt, dass er ihr zu seiner Befreiung nicht näher kommt. Als er endlich eine Pause bei seiner Verfolgungsjagd einlegt, als der Schlaf einer Nacht ihn gestärkt hat, da stellt er zu seinem Erstaunen fest, dass seine Wut verflogen ist. Seine Erlösung geschieht ganz anders, als er sie sich vorgestellt hat. Er muss sie nicht mehr einer teuflischen Königin abringen.

Die Jahre im »Flammenwald« waren furchtbar. Meine Emotionen der Hexe gegenüber projiziere ich auch auf Robert; was ich mit ihr erlebe, trage ich in Bezug auf ihn aus. Leidenschaftlich hasse und liebe ich ihn: verzweifelt ringe ich um ihn, um seine Eindeutigkeit, um Übereinstimmung zwischen seinem Reden und Tun. Nichts ist mir jahrelang wichtiger.

Den Weg durch den »Flammenwald« erlebe ich wahrhaftig als Weg durch die »Hölle« . Am Ende dieses Abschnittes aber liegt merkwürdigerweise nicht die Asche, das Ausgebranntsein, sondern etwas Neues.

Das Märchen vom Waldkind führt nun in den »Spiegelwald« . Wer hier durchgeht, lernt, die Menschen zu sehen in all den Rollen, die sie spielen; und nicht nur die anderen, sondern auch sich selbst. Psychologisch gesagt, lerne ich nun »den Schatten« kennen.

Ich kämpfe um Eindeutigkeit, bis ich merke, dass die Menschen, die mir wichtig waren, nicht eindeutig sind; dass sie mehrere Seiten haben, die nicht zusammenpassen. Nun erkenne ich, dass ich bei Robert an den Schatten geraten war. Wie ein Engel war er mir erschienen, als ich ihn kennen gelernt hatte, hilfsbereit, freundlich, gütig, voll Humor, Klugheit, Überblick. Reden und Handeln stimmten überein, so empfand ich. Er engagierte sich für die Menschen in Not. Darum suchte ich meinen Platz neben ihm. Aber er wollte keine Mutter für mich sein und ließ mich allein.

Ambivalent ist auch die Mutter. Halte ich sie für böse, suche ich Distanz, ist sie lieb zu mir, fürsorglich, dann zeigt sie ihre Schwäche, ihr Angewiesensein auf meine Hilfe. Sie ist ja eine alte Frau; 1990 ist sie 87 Jahre alt; sie ist nach ihrem Schlaganfall behindert, oft ist sie traurig über ihren Verfall, und sie spricht ihr Alleinsein aus. »Mütterchen«, sage ich dann zu ihr, und meine Zuwendung ist ehrlich und lieb.

Aber ich merke schnell, sie setzt ihre Ohnmacht ein, um mich zu beherrschen. Sie bindet mich an, stellt Forderung um Forderung, sie kommandiert, und nichts kann ich ihr recht machen. Je mehr ich mich um sie bemühe, umso ungeduldiger, unzufriedener wird sie. Weil ich ihre Anerkennung suche, bemühe ich mich so sehr um sie, hoffe ich, ich könnte ihr eine Freude machen in ihrem nun eingegrenzten Lebensraum. Sie freut sich nicht, dass der Garten immer noch für sie da ist. Sie erkennt Besuche und Geschenke nicht an. Solange ich die gute Mutter suche, kann sie mich kränken, und es nicht sein. Wenn ich die negative Mutter in ihr bekämpfe, macht sie mir meine Lieblosigkeit bewusst, denn nun stehe ich einer schwachen und hilflosen alten Frau gegenüber.

Ich reibe mich auf; drehe mich im Kreis. Ich bin im »Spiegelwald« .

Im Oktober 1987 entsteht das Bild: der Hexenkampf. Ich male uns beide, auch Robert, den ich mit mir schleppe, und den Schatten, den wir werfen: zwei Hexen, die sich bekämpfen.

In der Auseinandersetzung mit ihr verwandle auch ich mich in eine Hexe. Ich muss schlucken, als ich mein Bild betrachte. Was ist aus mir geworden? Die jüngere Hexe will nicht kämpfen, sie weint; aber sie ist in Gefahr, angekettet zu werden, darum schlägt sie zu. Dass ich mich in die »Hexe mit dem Hammer« verwandeln kann, wenn von mir – selber in äußerster Bedrängnis – Kraft für andere verlangt wird, ist eine bittere, aber notwendige Erfahrung.

Erst, nachdem ich diese Möglichkeit von mir kenne, kann ich mein Verhalten steuern und meinen Schatten im Auge behalten.

Die Entmachtung

Als das Waldkind aus den Wäldern hervorkommt, kann es der Hexe gegenübertreten. Nun hat es Kraft gewonnen, die Kälte und das Chaos durchgestanden und die Illusionen über sich und andere verloren.

Worin besteht nun der Kampf? Ein Traum:

Ich bin in einem südlichen Ferienort und sitze in einer Gruppe von Menschen abends auf einer Hotelterrasse am Meer. Wir essen und reden zusammen. Nachdem eine ältere Frau, vielleicht meine Mutter, ins Hotel zum Schlafen gegangen ist, will ich mich zu zwei Südländern setzen, um mit ihnen zu plaudern. Da läuft eine dicke Spinne über das Steinpflaster. Sie zeigen mir lachend, dass ich sie mit dem Fuß zertreten solle. Ich graule mich aber davor und tue es nicht. (6/1982)

Auch das »Märchen vom Moorkönig II« (III, 2), das ich 1982 schrieb, schlägt die gleiche Lösung vor: »Hüte dich vor der Königin,« sagte er noch einmal. »Was soll ich tun?« fragte das Mädchen. »Du musst sie töten!« sagte der Alte.«

1985 habe ich mich in meiner Fassung von »Hänsel und Gretel« in der Geschichte »Die Flucht« (II, 4) auf diese Lösung einmal eingelassen. Die Kinder haben die Hexe getötet, aber sie müssen erleben, dass das Verbrennen die Hexe nur verwandelt. Sie tritt in neuen Gestalten auf; tot, weg ist sie nicht. Sie hetzt als Raubvogel hinter den Kindern her; sie lauert als grauer Wolf im Wald, durch den die Kinder fliehen. Die negative Mutter lässt sich nicht töten. Depression und Angst treten an ihre Stelle: graue Gedanken stürzen sich wie ein Raubvogel auf die Kinder; Beklemmung vor der Gefahr im Gebüsch verfolgt sie. Der Kampf mit der Hexe geht weiter.

Das Waldkind geht nicht alleine zu der Hexe. Es hat die Freundschaft der Tiere gewonnen, den Weitblick der Eule, die spitzen Zähne und Krallen der Füchsin und die Kraft des Bären. Mit ihrer Hilfe gelingt die Entmachtung.

Da wurde die Stubentür aufgerissen. Drohend stand der Bär in der Öffnung; und die Füchsin schlich herein, eine Kette im Maul, und zerrte und zog, bis ein armseliges Wesen am anderen Ende der Kette sich in den Raum schob. Es war ein schwaches, hilfloses Geschöpf, was da stand, halb verhungert und

angekettet. Ganz grau war es, hatte ein müdes Gesicht, zerrissene Hände und ein Lumpenkleid über dem mageren Körper.
»Was wollt ihr?« zischte die Alte. »Sie ist meine Dienerin. Sie macht meine Arbeit. Sie ist sonst zu nichts nütze.« Als alle auf die Kette starrten, sagte sie: »Ohne Kette würde sie weglaufen, aber sie würde sich verirren, so dumm ist sie. Sie sollte mir dankbar sein, dass sie mich hat.«
Da sprang die Füchsin der Alten auf die Schulter und kitzelte mit ihren scharfen, weißen Zähnen ihre Kehle. Die Alte wich mit vorgestreckten Händen zurück. Nun zertrat der Bär die Kette. Er leckte die Gelenke des elenden Geschöpfes, die von der Kette wundgescheuert waren. Dann trat er vor die Alte und zeigte ihr seine Tatzen. Peri-Banu trat noch einen Schritt zurück.
»Ist das der Dank für das Futter, das ich euch gab?« sagte sie, »nie mehr werdet ihr etwas von mir bekommen. Und du isst meinen Kuchen,« sagte sie zu dem Waldkind, »und hilfst mir nicht!«
Da flog die Eule in den Raum und setzte sich mit spitzen Krallen Peri-Banu auf den Kopf, schaute mit starrem Eulenblick in das linke Auge und dann in das rechte Auge der Hexe, dass sie den harten Schnabel sah.
»Ist das mein Leben?« fragte das Waldkind, »das du mir gestohlen hast? Du hast es ausgebeutet; du hast gelebt von seiner Kraft: und mich hast du in den Tod geschickt.«
Das Waldkind umarmte das jämmerliche Geschöpf […]

Die Hexe wird nicht getötet. Es folgt eine klare Absage an ihre Macht und eine klare Trennung von ihr:

»Peri-Banu,« sagte das Waldkind, »du bist meine Mutter nicht, […] Meine Mutter hat mich verflucht bei meiner Geburt; die Königin, bei der ich leben sollte, hat mich beinahe getötet; die alte Waldfrau mit ihren Tieren wusste Rat für mich. Du, Peri-Banu, warst die Hexe, die mein Leben besaß. Mit dir habe ich nichts mehr zu tun!« (II, 5)

Den letzten Schritt im Kampf mit der Hexe, diesem negativen Mutterbild, zeigt der Traum von der Krake:

Es ist in Israel. Ich sitze auf einer niederen Terrassenmauer und schaue über das weite blaue Meer unter einem hellen Sommerhimmel. Drei weiße Schiffe sind auf dem Wasser ganz in meiner Nähe. Heute ist Krakenjagd! Das Meer

ist dramatisch aufgewühlt mit riesenhohem Wogengang. Die Fischer ziehen kraftvoll an großen Netzen. Da haben sie den Fang!
Sie kippen das Netz auf die Terrasse mir vor die Füße. Eine Riesenkrake ist gefangen. Ich sehe ihre langen Fangarme zucken; dann ist sie tot. Sie wird nun aus den Maschen des Netzes herausgezogen und liegt leblos da. Ich sehe genau hin. (11/1987)

Dieser Traum hat im Kampf mit der Mutter den entscheidenden Stellenwert. Ich werde in Israel auf die Krake aufmerksam gemacht. Was heißt hier »Israel«? Und wie hängt »die Krake« mit »Israel« zusammen?

Israel ist der patriarchale Raum; dort galt nur der Vatergott, der männliche Geist. Die Muttergöttinnen aber wurden bekämpft, verdrängt. Das nicht wahrgenommene Weibliche wird böse, gefährlich; es wird im Unbewussten zur Krake, umschlingend, erstickend, tötend.

Es ist ein kollektives Problem unserer Zeit. Weiblicher Geist wird in unserer von Männern bestimmten Gesellschaft gering geachtet. In der Tiefe des Unbewussten leide ich an diesem kollektiven Problem. Ich wollte es überwinden. So projizierte ich es auf meine persönliche Mutter, die sich durch ihr Verhalten als Projektionsträgerin anbot. In Bezug auf sie habe ich das Problem bekämpft, ohne an ein Ende zu kommen. Mein Kampf ist sinnlos: Ich will das Böse direkt bekämpfen, in der Konfrontation. Ich will es töten, als ob das Böse totzukriegen sei. Ich kämpfe sozusagen männlich mit dem Schwert.

Das Weibliche aber kämpft anders: Es nimmt »eine Krake« wahr; es lässt das Ungeheuer auf sich wirken; es sieht die Entstellung, die Verfehlung der guten Möglichkeiten des Lebens. Es hat Mitleid. Dadurch besänftigt es die Krake.

Der Wolfshund im Märchen vom unglücklichen Prinzen (IV, 6) muss sich nicht rächen an seiner Mutter, die über ihn soviel Leid gebracht hat. Als er in seiner Wut und Raserei innehält, heißt es:

»Hier also«, dachte er, »hat sie die ganze Zeit gelebt wie ich, meine Mutter, die Königin. Das war nun die Herrschaft, die sie wollte, wofür sie mein Leben zerstörte. Sie herrschte nur über mich in einem leeren Schloss, in einem Totenhaus.
Arme Königin, [...] fürchtest du die Rache deines Sohnes?«

Dann denkt er:
»Sie war genauso gefangen wie ich. Was hat sie nun davon gehabt in dieser geschlossenen Kammer, dass ihr die Macht gehörte?«
Und schließlich:
»Arme Mutter,« sagte er dann, [...] welch erbärmliches Leben hast du dir bereitet? Und hättest doch geliebt sein können.«

Eine Erkenntnis setzt sich in mir durch:
Ich gewinne Distanz zur Mutter und überschaue den fatalen Mechanismus, der unser Leben bestimmte. Ich wollte geliebt werden, warb und schenkte, um zurückzuerhalten, was ich zum Leben brauchte. Meine Wünsche aber wurden nicht erfüllt; ich wurde nicht bejaht. Je mehr ich mich anstrengte, umso abhängiger wurde ich. Die versklavende Hexe trat auf den Plan. Gegen sie kämpfte ich.

Auch die Mutter wollte nur geliebt werden. Sie wollte ihre Kinder behalten, darum durfte sie sie nicht loslassen, ihrer Meinung nach. Je mehr sie sie also beherrschte, umso größer wurde der Widerstand der Kinder. Sie erntete Streit, aber keine Liebe.

Nun sehe ich die Widersprüche, in denen die Mutter lebt. Sie möchte im Mittelpunkt stehen, sie will herrschen, sich durchsetzen. Aber sie ist eine ohnmächtige, auf die Hilfe anderer angewiesene Frau. Wer jedoch zu dieser Hilfe bereit ist, wird von ihr abgelehnt, bekämpft.

Nun muss ich nicht mehr zurückschlagen. Mitleid entsteht, dass sie ihre Realität überhaupt nicht wahrnehmen kann. Ich sehe die Widersprüche, in denen sie lebt; aber ich muss sie nicht mehr bekämpfen. Ich kann sie auch nicht auflösen. Ich kann sie zulassen. Dieser Satz klingt wohl ganz einfach; aber er ist meine zentrale emotionale Erkenntnis. Ich habe sie mir nicht ausgedacht. Sie ist ein Teil von mir geworden. Noch einmal: Die Widersprüche der Mutter kann ich nicht auflösen; ich kann sie zulassen.

Die Hexe, vor der Hänsel und Gretel fliehen, konnte von ihnen nicht getötet werden. Sie verwandelte sich in graue, sie verfolgende Gestalten.

Doch alles Ding hat seine Zeit; und auch die Hexen leben nicht ewig.

Dreimal konnte sich die Hexe verwandeln und doch hexenhaft bleiben. Danach aber ist es mit ihrer Macht vorbei. Im Märchen »Die Flucht« will der Wolf, die dritte Variante der ursprünglichen Hexe, den Reichtum eines ganzen Schlosses behalten. So wird er zur Schnecke, die in ihrem Haus alle Schätze beisammen hat.

> *Dieses Schloss war prächtiger, als es je ein Mensch gesehen hat. Innen lagen die Schätze nur so aufgetürmt, darum hatte es auch ein ungeheures Gewicht. Die Last war größer als die Kraft der Schnecke. Sie stöhnte und schwitzte, sie schnappte nach Luft. Irgendwann drückte das Gewicht des Riesen-Schlosses auf ihrem Rücken die kleine, graue Schnecke ganz zusammen.*
> *Sie rutschte noch ein bisschen vorwärts; und dann noch ein bisschen; ein paar Zentimeter, glaube ich.*
> *Dann vergingen ihr die Sinne, und die Schnecke war tot, zusammengepresst unter der Last ihres Besitzes; tot jedenfalls, denn darauf kommt es bei dieser Geschichte an!*
> *Vielleicht finden Hänsel und Gretel einmal, irgendwann und irgendwo eine kleine, plattgedrückte, graue Schnecke im Wald.*
> *Aber wer käme dann auf die Idee, es sei die Hexe von einst, die Hexe mit dem Lebkuchenhaus, die Hexe mit den drei Leben, nachdem sie verbrannt worden war. Ich, jedenfalls, käme nicht darauf! (II, 4)*

Das Verhältnis zu meiner Mutter hat sich grundlegend verändert. Seitdem ich mich anders verhalten kann, ist auch meine Mutter mir gegenüber ein anderer Mensch, liebevoll, dankbar. Und ich bin frei. Es ist wie ein Wunder, was sie manchmal zu mir sagt: »Wenn du kommst, ist es ein Fest für mich« (11/1988) oder: »Was L. in einer Woche einreißt, baust du an einem Tag wieder auf« (12/1988) oder: »Hoffentlich hast auch du einen Menschen, wenn du alt bist.« (8/1989)

IV. Die Erlösung des Vaters

Identifikation

Ganz andere Probleme, als ich sie mit meiner Mutter hatte, drangen durch meinen Vater in mein Leben ein. Das erste Clownbild zeigt auf der linken Seite die Totengestalt, die später als Koffer, als Last in Erscheinung tritt. Die Aufschrift auf dem Koffer verrät, was ich mit mir herumgeschleppt habe:

»Drittes Reich«, »Dritte Welt«, die Menschen »draußen vor der Tür« . Ein Schatten ist aus der Welt meines Vaters in mein Leben gefallen.

Natürlich hat auch der frühe Tod meines Vaters 1952 eine schlimme Rolle gespielt. Seine Umbettung 1958, bei der ich auf Wunsch meiner Mutter anwesend war, erlebte ich als grausam und inhuman; diese Erfahrung führte mich an die Grenzen des für mich Ertragbaren. Ich sterbe mitten im Leben.

Diese Thematik wurde zum ersten Mal 1962 zu Beginn einer Therapie in einem Traum formuliert:

Ich lebe mit meinen Eltern in einer Hütte. Sie steht in einer einsamen, mir völlig fremden Gegend, mitten in verschneitem, gepflügtem Ackerland. Ich habe große Angst: Mein Vater tötete ein Familienmitglied; heute wird er mich töten, danach meine Mutter und sich. Vorbeigehenden Leuten sage ich: Schickt uns unbedingt den Arzt heute Abend her. Nun erwürgt mich mein Vater. Mein Schrei, Grauen, Entsetzen. Meine einzige Hoffnung ist der Arzt. (1/1962)

Ich habe schwere Depressionen. Ich träume, dass ich im Sarg meines Vaters bin und vor dem Ersticken gegen dessen Deckel von innen klopfe. Oft erwache ich mit einem Schrei. Nachdem ich mein Mathematikstudium aufgegeben habe und damit, wie ich heute sehe, die Hilfskonstruktion der reinen Rationalität in meinem Leben, bricht die Gefühlswelt chaotisch in meine Realität ein. Die Versuchung, sterben zu wollen, ist größer als meine Bereitschaft zum Leben.

»Das Märchen vom Maler« (V, 3) von 1985 führt an dieses Thema heran. Der alte König, der von einer Reise heim kommt, trifft seine Tochter im Sarg wieder.

»Woran ist sie gestorben?« fragte der Maler.

»Ich weiß es nicht,« klagte der Alte, »ich musste eine weite Reise tun, ich blieb viele Jahre von zuhause fort; nun komme ich zurück, und mein Kind ist tot.«

Vom Maler aber, der durch sein Malen das Mädchen ins Leben zurückruft, wird erzählt, dass er es »tot gesehen und doch nicht für gestorben hielt« .

Die Clownbilder zeigen aufseiten des Vaters neben der Todesthematik neue, kreative Möglichkeiten: Die goldene Feder, die in vielen Bildern auftaucht, ist wohl ein Symbol für die Intuition, für meine sich entwickelnde Fantasie, für meine Freude am Malen und Schreiben. Bilder und Märchen bahnen mir ja den Weg aus der Depression heraus.

Heute frage ich mich:

Wo und wie tritt in meinen Märchen im Zusammenhang mit den Vatergestalten das Todesmotiv auf?

Ich merke, dass die liebend an den Vater gebundene Tochter in anderer Weise betroffen ist als der Sohn, der sich verselbstständigen will.

Die Tochter des »Moorkönigs« (III, 1/2) wird vom Vater »geraubt« und in dessen Bereich als freiwillig Gefangene festgehalten. Über ihre Umgebung wird erzählt:

Es war einmal ein schwarzes Schloss im Moor. Schwarze Wassertümpel umgaben die mächtigen Mauern, so weit das Auge reichte. Ein dunkler Sumpfwald war am Horizont zu sehen. Regenwolken hingen tief und grau jahraus, jahrein über dem Moor. Die Bewohner des Schlosses kannten keinen blauen Himmel und keine Sterne in der Nacht.

Vom Inneren des Schlosses heißt es: »[...] in den weiten Fluren und Gemächern stand die kalte, feuchte Luft, die vom Moor kam.«

»Das Märchen vom Zauberspiegel« (1984) erzählt:

Diese Geschichte spielt mitten in der Unterwelt. Es ist dort ein langer, dunkler Gang und an seinem Ende liegt ein Gewölbe. Der Raum ist ziemlich niedrig. Nur in der Mitte steht ein schwerer Eichentisch; einander gegenüber stehen zwei Lehnstühle. Zwei Personen sitzen sich gegenüber: Vater und

Tochter. Eine Kerze brennt auf dem Tisch. Neben ihr liegt ein dickes Buch. Die beiden schreiben daran und haben es bisher geschrieben. Sie schreiben die Geschichten auf, die sie sich gegenseitig erzählen.
[...] Der Vater war ein König, damals als er noch auf der Erde lebte. Er ist schon lange hier. Seine Tochter aber ist freiwillig gekommen zu ihm. Sie wollte ihn freibitten hier unten; man ließ sie auch ein [...]
So einfach war es: Weil der Vater nicht freikam, blieb die Tochter. Weil er zum Leben nicht zurückkonnte, verließ sie das Leben.

Beim Vater sein heißt in diesem Zusammenhang: in der Gruft, in der Unterwelt sein, in Räumen des Todes. »Wo ich bin, ist es eiskalt, leer, stumm und dunkel.« So schrieb ich in einem Brief 1962. Ich richte mich bei den Toten ein.

Geraten in den Märchen die Königstöchter in den Bannkreis eines toten Vaters, so finden sich die Söhne als Versteinerte vor, ohne ihre Vorgeschichte zu kennen.

Der Säulenprinz, »bis unter die Arme zu einer weißen Marmorsäule versteinert«, erzählt:

»Wisse, die Säule wächst; hat sie die Lungen erreicht, werde ich ersticken. Einst waren es nur meine Füße, die zu dem Säulenfuß erstarrten; aber ich konnte nicht mehr fortlaufen, um Hilfe zu holen; ich musste hier bleiben in diesem Raum, wo es geschehen war. Ich rief, aber niemand hörte mich. Ich hoffte, man suchte nach mir; aber die Menschen verließen diesen Ort, und ich weiß nicht, wohin sie gegangen sind.«
»Die ganze Stadt ist leer,« sagte die Besucherin, »das Land ist eine Wüste; die Luft ist verpestet . . .« (III, 5)

Das Märchen vom Prinzen im Porphyrschloss beginnt so:

Weit, weit in der Ferne, dort, wohin nie ein Mensch kommt, liegt ein Schloss in der Wüste. Wer durch die unendlichen Sandfelder sich dem Schlosse näherte – doch niemals wird es geschehen – kann schon von weitem die mächtigen, schwarzen Türme sehen, die hohe, schwarze Mauer, die quadratisch das Schloss umgibt. Über die Mauer sehen kann man nicht, liegt sie auch halb verschüttet im Sand. Der Wüstenwind kommt und geht, kommt und geht durch die Jahrhunderte. Und immer bringt er Sand, lagert ihn um, schleppt ihn weiter fort. In die schwarze Mauer sind aus Urzeiten her Tiere eingemeißelt. Sie bewachen das Schloss. Mit weit geöffneten Rachen, mit kalten Augen bedrohen sie den Besucher, der sich dem Schloss näherte. Es sind Raubkatzen, zum Sprung geduckt, es sind geflügelte Löwen mit riesigen Pranken. Keinen Menschen würden sie durch das verschlossene Portal durchlassen. Aber es kommt auch kein Mensch in diese Gegend.

Eine Halle nimmt das Innere des Schlosses ein. Mitten in ihr steht ein Porphyrblock. Es ist ein Würfel, einige Meter lang, breit und hoch; er ist glatt, kalt und schwarz. Nichts regt sich in diesem Schloss, hier lebt kein Mensch und kein Tier; hier kann niemand leben. Nur eine leise Klage ist zu hören. Hier weint jemand seit hundert Jahren schon. Der Prinz ist es, dessen Geschichte ich erzählen will. Er ist verzaubert. Er ist in diesen Block hineingezaubert, und nur sein Kopf guckt aus der Gesteinsmasse hervor. (IV, 5)

Erst heute ahne ich, welche Vorgeschichte hier gemeint ist. Die Märchen erzählen von den mächtigen Vätern, die die Herrschaft innehaben, die nicht zulassen wollen, dass die Zeit der Söhne kommen wird, selber zu denken, selber zu regieren. Sie verhindern deren Entwicklung und lassen sie versteinern. Den Geist dieser Väter erkenne ich als die Ideologie des Dritten Reiches: auf der Basis von Völkermord selber groß sein zu wollen. Dieser Geist, den auch mein eigener Vater vertrat, lässt die Kinder erstarren in Trauer. Es gibt keine Zukunft für sie. Sie sind fixiert auf die Schrecken der Vergangenheit.

Als ich in meiner Analyse seit 1983 zu malen beginne, taucht das Todessymbol wieder auf. Aber das Unbewusste verbindet es mit der Hoffnung:

Du kommst da durch!

Ich male vor dem Hintergrund der vielen Fensterkreuze einer Hochhauswand die glänzende Pfauenfeder: ein Wandlungssymbol, wie sie mein Analytiker deutet (Abb. 15, S. 59).

Ich schreibe das Gedicht von Else Lasker-Schüler »Gott hör ...« vor das Licht des Kirchenfensters, während sich die Schnecke unter dem Blatt der Lilie, die ja auch in ihrem Weiß eine Totenblume ist, verkriecht.

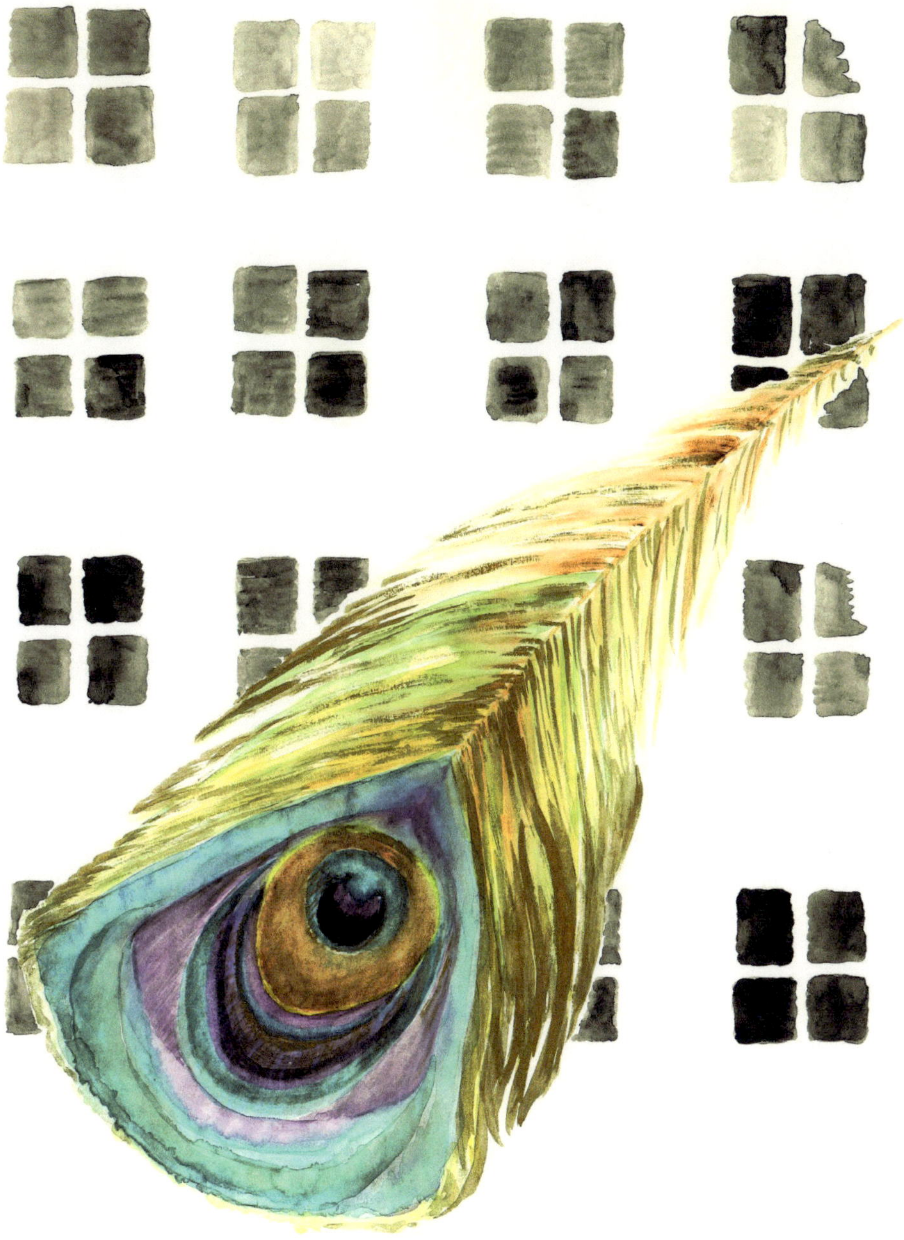

[…]
O Gott, und bei lebendigem Tage
Träum ich vom Tod.
Im Wasser trink ich ihn und würge ihn im Brot.
Für meine Traurigkeit gibt es kein Maß auf deiner Waage.
[…]
Wo ende ich? – O Gott!! Denn in die Sterne,
Auch in den Mond sah ich, in alle deiner Früchte Tal.
Der rote Wein wird schon in seiner Beere schal
[…]
Und überall – die Bitternis – in jedem Kerne.[1]

Inzwischen lerne ich, meine Vaterproblematik zu verstehen. Ich bin als Kind von der Mutter fort zum Vater geflohen; ihn habe ich unmittelbar lieben können. Dabei habe ich mich mit ihm identifiziert; und seine Probleme habe auch ich übernommen.

Dann ist mein Vater gestorben. Ich aber blieb in der Identifikation stecken; kam nicht fort aus den Bereichen des Todes, hielt mich vielmehr – natürlich unbewusst – auch für gestorben. Nach der Umbettung blieb ich tatsächlich emotional unten im Grab. Die Identifikation mit dem Vater hielt mich in der Depression fest.

Immer wieder träume ich, dass ich auf dem Friedhof bin; ja, dort habe ich mich geradezu angesiedelt. Die Träume fordern mich auf, dort wegzugehen, aber ich verstehe sie nicht. Immer wieder »sterbe« ich in meinen Träumen, d. h. jedoch in der Sprache des Unbewussten, dass ich mich ändern soll. Ich missverstehe dieses Drängen als Suizidaufforderung. Der Gedanke an Selbstmord ist ganz vertraut; er gehört zum Alltag.

Meine Vaterbindung hatte noch eine andere Folge: Weil ich ihn geliebt habe, übernahm ich seine Probleme; d. h., ich übernahm die Schuld, die er nach meinem Gefühl im Dritten Reich auf sich geladen hatte; ich will – mir ganz unbewusst – diese Schuld überwinden: Ich will ihn erlösen. Ununterbrochen umkreise ich die Sinnfrage: Warum ist soviel Leiden auf der Welt? Warum lässt Gott das Leiden zu? Die Frage nach Gott wird zur zentralen Frage meines Lebens; der Versuch, Menschen in Not zu helfen, mein zentrales Anliegen.

Ich lerne Robert kennen. Ohne es zu merken, projiziere ich meine Vaterproblematik auf ihn. Er soll mein Vater sein; er soll mir die Welt deuten, die mir soviel zu schaffen macht; er wird mich wieder ins Leben hineinführen, so hoffe ich. Er ist der ideale Mensch – so sehe ich ihn. Er ist wahrhaftig; er verbindet Glauben, Reden und Handeln; er ist offen und uneigennützig; und er schafft Gemeinschaft um sich herum. Ihn liebe ich. Wenn er zu mir kommt, hat das Leben Ganzheit und Glück. Ich grenze mich nicht ab von ihm. So, wie ich ihn mir träume, so möchte ich selber sein.

Als ich dann an seinen Schatten gerate und seine Realität wahrnehmen muss, ist es ein böses Erwachen. Robert ist nicht der vollkommene Vater, den ich suche. Nun leide ich sehr an dem Widerspruch zwischen seinem Reden allgemein und seinem Verhalten mir gegenüber. Ich möchte, dass er seine Ambivalenz wahrnimmt und überwindet: Ich möchte ihn »erlösen«.

Die Vaterprojektion wiederholt die Vaterproblematik: Wieder »sterbe« ich in einer Beziehung; wieder ringe ich um die Wahrheit des anderen. Und wahrscheinlich gehe ich dabei Robert nur auf die Nerven!

Die Konfrontation mit Robert, wie er in Wirklichkeit ist, macht mir bewusst, dass es etwas vollkommen Fremdes gibt außerhalb von mir. Ich bin mit Robert nicht identisch. Er ist ganz anders, als er mir erschien; und er hat ein Recht darauf, wahrgenommen zu werden, wie er ist. Die Identifikationsproblematik wird mir bewusst. Nun wiederhole ich für mich immer wieder: »Ich bin nicht identisch mit Robert. Ich bin nicht identisch mit meinem Vater.«

In dieser Zeit entsteht ein Bild, das herauszubringen, meinem Unbewussten wohl so wichtig war, dass ich für drei Tage krank wurde, also zu Hause bleiben und malen konnte. Ich nenne es das »Erlösungsbild« (Abb. 16, S. 63). Verschiedene Personen werden je zweimal angeordnet. In der Mitte, in einem großen Spiegel wird die krankmachende Konstellation der Schlüsselfiguren meines Lebens sichtbar: Der Spinne mit ihrem Netz steht eine Gruppe in einem Kreis gegenüber.

Sie hatte ich für identisch gehalten: das Mädchen, den Prinzen, den alten König und das Ganze; d. h. mich, Robert, den Vater, mein Selbst. Im Bildraum werden diese Personen getrennt und dann in richtigen Beziehungen angeordnet. Vater und Mutter treten zusammen; Prinz und Prinzessin treten einander vorsichtig gegenüber.

ich habe dich erlöst, ich habe dich bei deinem Namen gerufen

Das Elternpaar und das junge Paar sind erkennbar. Alte Muster sind überwunden; Wirklichkeit wird wahrgenommen. Große Dankbarkeit erfüllt mich. Ich bin einen entscheidenden Schritt weitergekommen. In vollkommenem Glück male ich am nächsten Tag ein »Dankbild«: »Lobe den Herrn, meine Seele, und vergiss nicht, was er dir Gutes getan hat.«

Wenn die Tochter den Vater verlässt, erzählen die Märchen vom »Moorkönig« und vom »Zauberspiegel«, wenn sie seinen Lebensraum, nämlich die Gruft, nicht mehr für ihren hält, dann gewinnt sie das Leben. Sie wird frei von der Depression.

Im »Märchen von der Dornenhecke« (III, 3), d. h. in meiner Version von »Dornröschen«, gibt es für die seit hundert Jahren in einer Dornenwildnis gefangene Prinzessin nur einen Weg zur Rettung:

»Ich muss dein Bild zerbrechen«, sagte das Mädchen zum Vater, »vergib mir; eine andere Rettung weiß ich nicht.«
Es war nur ein kleines Bild auf rotem Grund unter einem runden, etwas gewölbten Glas. Es war das Amulett aus ihrer Kinderzeit; der Vater hatte es ihr geschenkt. Sie nahm das Kettchen vom Hals, küsste das Bild des Vaters und dachte:
»Wenn ich nur ein Messer, eine Schere hätte, ich käme vielleicht durch die Dornen. Soll ich das Glas als Brennglas verwenden? Soll ich Feuer erzeugen und den Busch verbrennen: – Ich würde mit verbrennen. So kann ich mich nicht befreien.«
Da wusste Dornröschen: »Ich muss das Glas zerbrechen und die Scherben als Messer gebrauchen!«

Die Bindung an den Vater wurde erkannt und unterbrochen. Der Tote wird begraben; die Lebenden brechen in eine neue Zukunft auf. So ergeht es der Tochter des Moorkönigs. Er stirbt auf der Grenze zwischen seinem und dem nächsten Königreich. Von dem Mädchen heißt es:

Einen ganzen Tag weinte es; dann machte es sich an die Arbeit, den Vater zu begraben am Rand der steinigen grauen Heide. Einen großen Stein legte es auf das Grab. »Einmal im Jahr will ich hierher kommen,« dachte das Mädchen, »und an ihn denken [...] .« (III, 2)

Viele Träume, auch der letzten Jahre, betonen immer wieder das Eine: Der Vater ist gestorben, wirklich, er ist tot. Ich begrabe seine Reste mit eigenen Händen (1/1990).

Ein alter Mann, ein Priester, beugt sich - in einem anderen Traum - über den Toten auf der Bahre und sagt zu mir: »Er ist nun wirklich tot!« (10/1989)

So konnte dieses Thema, das mich mein Leben lang begleitete, seinen Abschluss finden.

Die Schuldfrage

Die Identifikation mit dem Vater ist endlich aufgehoben. Was aber wird aus der Schuldfrage, die ich unbewusst übernahm, die ich nun an seiner Stelle jahrelang mit mir herumschleppte?

Mein Vater hatte sich Vorteile im Dritten Reich verschafft, Karriere gemacht, war mitgelaufen, hatte mitgeschrien; er hatte die Augen und sein Herz verschlossen für offensichtliche Verbrechen, von denen er hätte wissen können. Er hat uns Kinder geliebt und nicht »Halt!« gerufen, als andere Kinder, andere Familien in den Tod geschickt wurden. Hätte ich noch mit ihm darüber reden können, hätten wir die Fragen aufarbeiten können, wie viel einfacher wäre mein Leben geworden.

Mit der Mutter war kein Gespräch über mein Anliegen möglich. Ich stand ihrer Verdrängung gegenüber, ihrer Unfähigkeit zu trauern. Gab ich nicht Ruhe mit meinen Fragen, hieß es stereotyp: »Du willst dich wohl mit mir streiten?«

Das Waldkind muss, um den in Trauer erstarrten Säulenprinzen zu erlösen, eine Straße durch die Kloake bauen, in der »die Abwässer des ganzen Königreiches« zusammenkamen. Es musste sich also mit dem kollektiven Schatten auseinandersetzen. Es musste alleine den giftigen Dämpfen standhalten, »dem Geruch von Fäulnis«, dem »Geschmack von Krankheit und Verwesung« (III, 5). Es baut eine Straße aus weißem Sand durch den Morast, bis es nach sieben Jahren die Insel erreicht, wo die Rettung für den Säulenprinzen zu finden sein soll.

Das »Hirtenbüblein« (V, 5) und der »reiche Mann« (VI, 1) lernen kollektive Not kennen. Beide stellen sich dem Elend der Menschen:

Was der Jüngling [...] sah, war schlimmer, als er gefürchtet hatte. Die Leute waren arm, und sie baten ihn um ein Stück Brot. Sie trugen nur Fetzen am Leib und baten um seine Kleider. Er sah die verhungerten, kranken Gestalten auf den Straßen, und er hörte ihren schwachen Ruf hinter sich: »Hilf uns, hilf!«

Der reiche Mann geht auf die Reise:

Wie groß war sein Erschrecken! Wie arm die Menschen waren! Wie trocken ihr Land, wie verdorrt ihre Felder! Nichts hatten sie zu essen; nicht einmal genug Wasser gab es für ihre Tiere. Die Hütten waren klein, aus Lehm gebaut. Lumpen und Abfall sollten gegen die Kälte schützen. An den Zäunen standen die Leute und sahen ihm nach, zu müde, den staubigen Acker umzugraben. Manche bettelten, manche hockten nur da.

Über die zweite Reise heißt es: »Jetzt sah er auch ihre Krankheiten; er sah ihre Geschwüre und blinden Augen.« Dann reiste er zum dritten Mal los:

Wie erschrak er, als er die Menschen wiedersah! Kaum erkannte er sie, so fremd und gleichgültig saßen sie vor ihren Ruinen. Ein Krieg hatte das Land verwüstet; Tote lagen noch unter den Trümmern. Wer noch leben konnte, war geflüchtet; wer zurückblieb, saß neben den Trümmern und starrte vor sich hin.

Der Arzt, der das »Wasser des Lebens« sucht (V, 1), sieht nach seinen vergeblichen Mühen »die vielen Plakate an den Hauswänden«:

Er sah, wie die Menschen auf ihn zukamen, mit einem Fetzen bekleidet und leeren Händen; hungrig starrten sie ihn an. Kinder schliefen nachts unter Zeitungen auf dem Straßenpflaster. Blinde suchten den Weg aus den Plakaten. Sie waren gefesselt, verstümmelt, verbrannt, die da auf ihn zukamen. Als der Schrei aus den Bildern heraustrat, zuckte er zusammen. [...] Und der Wanderer stand da, der das Wasser des Lebens suchte, mitten im Regen.

Schon 1977 schrieb ich diese Geschichte von dem Mann, der helfen will, weil ihn das Elend der Menschen erschüttert und er von einer Rettung für alle träumt. Wie er laufen auch der reiche Mann und das Hirtenbüblein mit offenen Augen durch die Welt, sensibilisiert für das Leiden der anderen, beseelt von der Hoffnung, die »böse« in eine »gute« Welt zu verwandeln.

Mir nicht bewusst, hat die Schuldfrage in mir ein Sühnebedürfnis ausgelöst. Identifizierte ich mich mit der Helferrolle, so machte ich die Erfahrungen dieser Märchenpersonen.

Der Arzt, der das Wasser des Lebens für alle nicht finden konnte, gerät an seine Ohnmacht. Der reiche Mann wird in seinem Mitleid und seiner Hilfsbereitschaft völlig ausgebeutet und schließlich versklavt. Und das Hirtenbüblein kann sich vor der Aggressivität des Elends nur noch durch Flucht retten.

Der Jüngling floh; die Hungernden spotteten hinter ihm her. Irgendjemand nahm einen Stein, scharf und spitz, fluchte und warf ihn; er fühlte den Schmerz und das Blut aus der Wunde und lief und lief.«

Trat ich dagegen auf die Seite der Leidenden und identifizierte mich mit ihnen, erzählte ich von der Verständigungslosigkeit zwischen den Menschen im Licht und im Schatten. Gedankenlosigkeit und Kälte kennzeichnet die Menschen auf der Seite des Wohlstands und Glücks.

1976 entstand das »Märchen von der Armut« (I, 4):

Es war einmal ein Land, in dem die Armut herrschte. Sie war eine mächtige Königin, alt geworden und erschreckend anzusehen. Gelb war ihr Gesicht; grau war das struppige Haar; ihre Füße waren nackt und mit Lehm bedeckt. Sie trug einen langen Fetzenmantel von der Farbe der Erde.

Die Königin der Armut ist Zeugin einer zunehmenden Wüstwerdung ihrer Stadt:

Niemand hatte beachtet, dass wenig zwar, aber doch immer wieder, feiner Sand hineinwehte in die Residenz, dass er sich hier über die Wege und dort zwischen die Lehmmauern niederlegte, dass er anstieg von Jahr zu Jahr, dass manche Wohnung schon zugedeckt und verschwunden war. Immer tiefer wurden die Höhlen gegraben, immer dunkler blieben die Löcher.

Um Hilfe zu holen, reist sie aus ihrer Staubstadt in eine wohlhabende, lebendige Metropole und ruft:

»Hört [...]
von uns aus der Staubstadt; wie sie warten auf eure Nachricht, auf euren Gruß!«

Die Antwort ist deprimierend:

»He, du da! [...]
Fort mit dem Lumpengesindel!« [...]
»Treibt sie hinaus, sie wird uns bestehlen!
Hat sie nicht Flöhe? nicht gar die Pest?« [...]
»Sie wartet noch immer! [...]
So jagt sie mit Steinen zur Stadt hinaus!«

Die Geschichte beschreibt es: Die Depression weitet sich aus, und Hilfe von außen gibt es nicht.

Ich wollte den Vater »erlösen«: Ich wollte ihm die Schuld abnehmen, die nach meinem Gefühl auf ihm lastete. Ich wollte die Fragen, die er nicht gestellt hatte, stellen; mehr wahrnehmen als meine Vorteile; Böses beim Namen nennen. Jahre lang setzte ich mein Wissen über die Not vieler Menschen in praktisches Engagement um, zum Beispiel für die Dritte Welt. Terre des Hommes, eine »Erde für Menschen«, war meine Hoffnung und Ziel meiner Arbeit.

Identifizierte ich mich unbewusst mit den Leidenden oder bewusst mit der Helferrolle, ich geriet an ein Übermaß von Not und Unrecht. So sehr ich mich auch einsetzte, erfuhr ich nur meine Schwäche und Hilflosigkeit. So sehr ich auch für menschlichere Verhältnisse kämpfte, die Informationen über die Zustände in den Ländern der Dritten Welt wurden nur schlimmer; Verschleiß, nicht Veränderung war das Resultat. Ich geriet an meine Ohnmacht, und die Depression nahm kein Ende. Ich wurde zum »hilflosen Helfer«.[2]

Überwindung der Theodizeeproblematik

In diesem Zusammenhang entstand für mich die Sinnfrage, die Frage nach Gott, die mich ununterbrochen umtrieb. Am Theodizeeproblem kam ich nicht vorbei: Wie kann Gott das Leiden zulassen? Gott und Auschwitz, das waren zwei Pole in meinem Denken und Suchen, die zusammenkommen mussten.

Zwei Collagen veranschaulichen, was ich miteinander konfrontierte, um es zu versöhnen: Das erste Blatt nenne ich »der Narr Gottes«.

Ich sehe eine Erlösergestalt vor mir mit schimmernder Papierkrone; und die Gestalten, die ich als Collage um sie herum anordne, stellen meine Fragen: Wo bleibt deine Liebe, Gott, angesichts von Elend und Verzweiflung (Abb. 17, S. 71)?

Das zweite Blatt heißt »Jakob nach dem Kampf mit dem Engel« (Abb. 18, S. 73). Jakob ist aus lauter Papierfetzen zusammengesetzt. Kreuz und Träne sind erkennbar; die Totenberge von Auschwitz, die Napalmkinder aus dem Vietnamkrieg. An einigen Stellen ist das Entsetzen entzifferbar:

Schwarze Milch der Frühe wir trinken sie abends
wir trinken sie mittags und morgens wir trinken sie nachts
wir trinken und trinken wir schaufeln ein Grab in den Lüften [...][3]

[...] und so weiter [...]

Es ist fast unmöglich, solche Texte zu tippen.

Aber ich habe auch andere Texte gefunden, die mich weiterführten, die tatsächlich der Konfrontation standhielten.

In dem, was wir erkennen, sollen wir Gott finden, nicht aber in dem, was wir nicht erkennen; nicht in den ungelösten, sondern in den gelösten Fragen will Gott von uns begriffen sein.[4]

Und:

Ich glaube an Jesus. [...]
Weil er liebte, musste er leiden. [...]
Denn mit Jesus kam ein neuer Geist in die Welt, [...]
der uns ermutigt, den Aufstand der Liebe
gegen den Hass fortzusetzen;
der die Verzweiflung überwindet, [...]
durch ihn erfahre ich, was Gott vermag. [...]
Ihm sind wir verantwortlich in allem, was wir tun.
Nun bin ich einverstanden mit meinem Dasein
und bejahe meine Bestimmung, weiterzugeben,
was ich von Gott empfange.[5]

Jakob hat mit dem Engel um den Segen gekämpft. Die Gestalt auf dem Blatt will nach vorne weitergehen, einem gelben Stern folgen. Sie verlässt sich nun auf die Worte aus dem Neuen Testament, die um sie herum angeordnet sind.

»Auf dein Wort hin, will ich es versuchen« (Luk. 5, 5) nämlich, noch einmal aufzubrechen und weiterzumachen an der dunkelsten Stelle meines Lebens. Gott hat Jakob siegen lassen. Er ist gesegnet worden.

»Gott«? Welche Vorstellung kann ich mit diesem Begriff verbinden? »Christus«? Welche Rolle hat er in meinem Leben?

Was heißt, so grübelte ich immer wieder, der Satz: Christus ist »für uns gestorben zur Vergebung der Sünden«?

Was heißt »für uns«? Und warum »zur Vergebung der Sünden«? Warum sollte er sterben, damit wir von Schuld frei wären? Ich verstand nicht die Deutungen seines Todes als Opfer, Sühne, Stellvertretung.

Da kam meine Erkenntnis; und mir ist es gegangen, wie Luther es beschreibt, als er die »Gerechtigkeit Gottes« als »Barmherzigkeit« sehen kann. Für ihn öffneten sich »die Tore des Paradieses«; so erleichtert war er.

Ich begriff: Jesus hat »für uns« gelebt; er hat durch sein Leben uns gezeigt, wie Leben sein kann, offen, wahrhaftig, gütig und voller Lebensfreude; und er hat Gott den Menschen als den »Vater« nahe gebracht. Er hat ihn als »die Liebe« vermittelt.

Ich habe Hunger

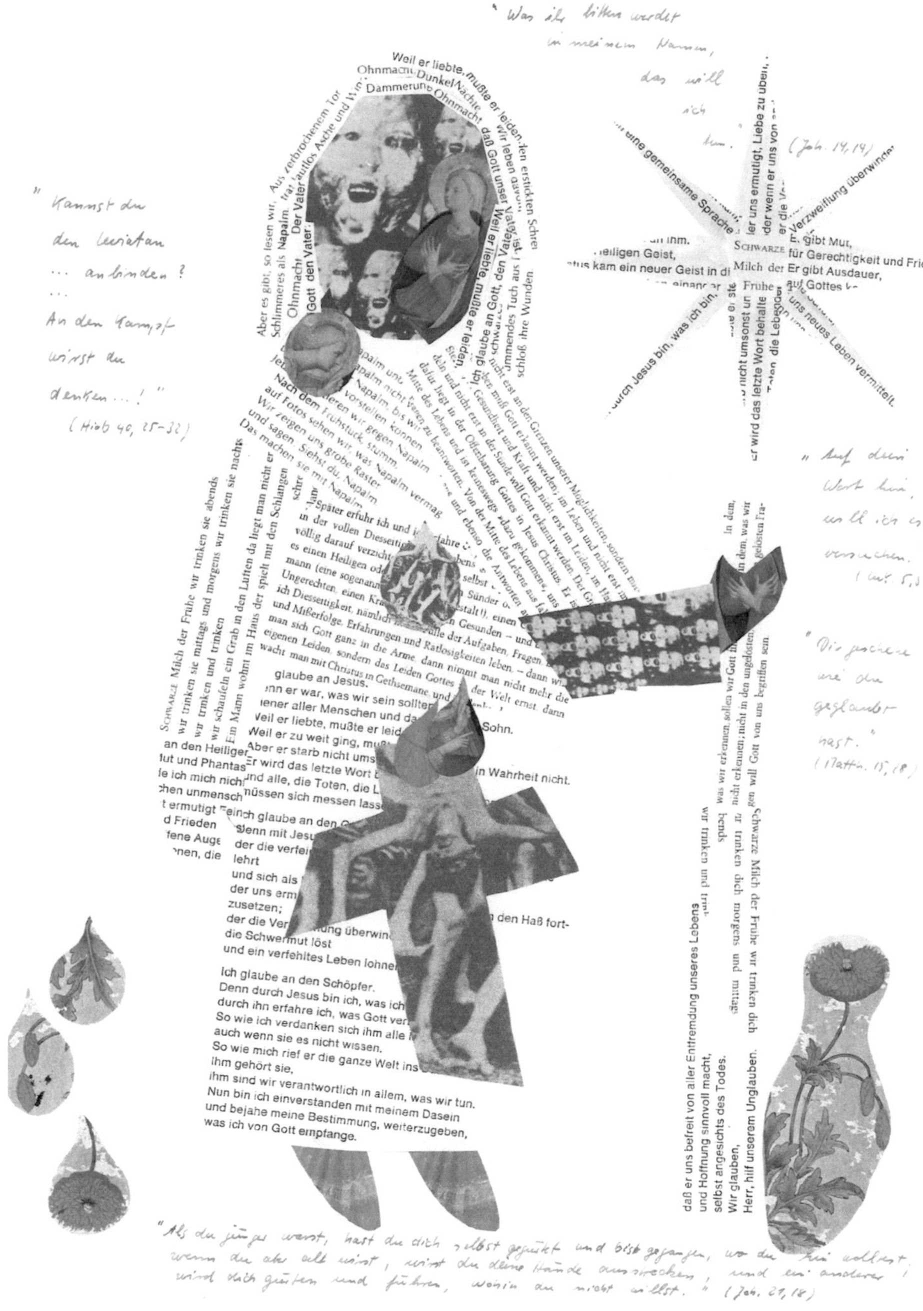
"Was ihr bitten werdet in meinem Namen, das will ich tun." (Joh. 14,14)
"Kannst du den Leviatan ... anbinden? ... An den Kampf wirst du denken ...!" (Hiob 40, 25–32)
"Auf dein Wort hin, will ich es versuchen." (Lk. 5,5)
"Dir geschehe, wie du geglaubt hast." (Matth. 15,28)
"Als du jünger warst, hast du dich selbst gegürtet und bist gegangen, wo du hin wolltest; wenn du aber alt wirst, wirst du deine Hände ausstrecken, und ein anderer wird dich gürten und führen, wohin du nicht willst." (Joh. 21,18)

Jesus ist »die Exegese Gottes«, d. h., in ihm kann der Mensch erfahren, wie Gott ist.[6] So hat er den Menschen aus dessen Absonderung von Gott zu Gott hingeführt. Absonderung von Gott heißt in der Sprache der Kirche »Sünde«.

So hat Jesus »zur Vergebung der Sünden«, zur Überwindung der Trennung zwischen Mensch und Gott, unter uns gelebt. Nur: dieses Leben fand seine Ankläger; und schnell wurde er ausgeschaltet, mundtot gemacht; getötet. So ist er denn gestorben, eindeutig, wie er gelebt hat. Und so ist er »für uns« gestorben.

Und was heißt, dass er uns Gott als »den Vater« vermittelt? Wie kann ich Auschwitz und den »Vater« zusammendenken? War Gott nicht »tot« in Auschwitz?[7]

Da begreife ich: Jesus hat in seinem Leben sichtbar gemacht, was es heißt, dass sein Vater »Gott« ist. In seinem Leben kam zum Ausdruck, dass er Gott »seinen Vater« sein ließ. »Gott, der Vater« ist eine Glaubensaussage. Das Vatersein ist keine objektive Feststellung über Gottes Befindlichkeit, woraufhin ich ihn in der Situation des Leidens, der Verzweiflung anklagen kann als den Gleichgültigen, Unbetroffenen, der seine Allmacht der Liebe nicht für mich einsetzt.

Es ist ein Denkfehler, ihm dann eine Absage zu erteilen, wenn er nicht hilft, wie ich es mir vorstelle. Erst nach der Auseinandersetzung mit Leid und Tod, erst auf dem Hintergrund eigener Leidbewältigung, ist es ein Segen, sagen zu können: Ich habe in Gott einen Vater kennen gelernt, dessen Tun ich zwar nicht verstehe, dessen Führung ich mich aber anvertrauen kann. »Gott, der Vater« ist eine rein subjektive Aussage, ein Bekenntnis, eine Deutung eigener Erfahrungen vom Sinn her, vom Ja zum Leben her.

Mit diesem Gottesbild kann ich nun weiterleben. Leiden wird als Möglichkeit zu etwas Neuem hin interpretiert, als ein Tor auf dem Weg zur Individuation.

Jenseits der Kloake trifft das Waldkind den alten Gärtner. Er hütet das Wasser des Lebens. Er hat die Hilfe, die den Säulenprinzen zum Leben zurückführt. Er bleibt in seinem Garten. Und als ich ihn malen will, entzieht sich mir sein Gesicht. Auch das Hirtenbüblein, das auszog, Gott zu suchen, machte – inzwischen König geworden – am Ende seiner lebenslangen Reise eine wunderbare Erfahrung.

Er betrachtet eine alte Landkarte:
Der König legte die Karte aus den Händen. »Wo war das Schloss?« fragte er sich, »wo habe ich so viele Jahre gewartet? Wo wohnt Gott?«
Der König schaute auf die Karte und blickte in die Ferne, er grübelte vor sich hin und versank in tiefen Schlaf. Und er träumte:
Er hielt die alte Karte immer noch in Händen. Aber er hatte nicht alles gesehen. Denn jetzt sah er das Schloss. Er sah nur die Grundmauern, weißgolden die eine, schwarz die andere Seite. Auf den Grenzen seines Reiches standen sie, und das Schloss türmte sich darüber hoch in den Himmel. Die Fenster waren erleuchtet. Warmes Licht fiel aus dem Inneren des Schlosses über das ganze Land. »Es ist bewohnt, das Schloss,« denkt der König im Traum. »Gott ist zuhause. Er ist da!«
»Herr,« ruft er, »lass uns wissen, dass du da bist! Lass es die Bettler aus der Lehmstadt und den Taschenspieler mit den gestohlenen Goldstücken erfahren!«
»Herr,« sagt er dann noch einmal ganz leise, »lass es mich wissen!«
Das wunderbare Licht aus den Fenstern lag über dem Land. Da erwachte der König.

Der Arzt, der das Wasser des Lebens suchte, blieb nicht in seiner Enttäuschung stecken.

Er arbeitete solange, bis die Leute in die Plakate zurückstiegen, einige geheilt, einige bekleidet, einige nicht mehr hungrig.
»Hätte ich das Wasser des Lebens«, dachte er, »hätte ich es für alle.« [...]
Und einmal hat er es nicht nur gedacht; einmal sah er es im Traum, das Wasser des Lebens. Es sprudelte aus einem runden Brunnen, in den alle Grundwasserströme einmündeten; und es floss frei in die Natur hinaus, in ein frühlingshaftes Land. Buschwindröschen, Primeln und Veilchen blühten hier; [...] ein paar Blumen pflückte er ab.
Es war eine frühe Morgenstunde, als er erwachte. [...]
Da sah er die Blumen: er hielt sie noch in seiner Hand.
Buschwindröschen, Primeln und Veilchen blühen nun neben den grauen Häuserwänden. Und manchmal trägt der Wind den Duft von schwerer, feuchter Erde über die ganze Stadt.

Der reiche Mann schließlich, der seinen Besitz verschenkte, um das Elend zu verringern, und der am Ende ein Ausgestoßener ist, wird in seiner Not von Gott gehört. Er kann seinen versklavten Schatten auslösen und damit das Leben wiedergewinnen, weil er aus Gottes Schatten ein Stückchen herausreißen darf. Das Märchen erzählt am Schluss:

> *[...] in Gottes Schatten ist ein Loch. An einer Stelle fällt durch das ungeheure Dunkel von Gottes Schatten das helle, warme Sonnenlicht. Das hat ein armer Mann fertig gebracht. [...] Nun liegt manchmal Gottes Glanz auf der Erde, und alle können daran teilhaben.*

Meine Geschichte versinnbildlicht, dass in mir ein neues Gottesbild entstanden ist. Ich weiß nun, auch Gott hat einen Schatten, eine dunkle Seite; er bleibt unverstehbar, rätselhaft. Nur, im Vertrauen auf ihn kann ich das bewusst gewordene Dunkle in der Welt als eine Seite des Lebens aushalten.

Zwei Bilder aus dem buddhistischen Kulturraum entstehen 1986.

Ich male Buddha, meditierend: Es gibt kein Leben ohne Leiden (Abb. 19, S. 77). Diese erste Grundwahrheit des Buddhismus kann ich nun annehmen. Zur Wirklichkeit dieses Lebens gehört auch das Leid. Plötzlich entdecke ich, dass sich aber noch eine andere Aussage in mein Bild eingeschlichen hat. Warum male ich die Teekanne zu dem in sich versunkenen Mönch? Das nächste Bild wird gerade diese Teekanne groß darstellen. Und dann wird auch deutlicher, worum es geht: Die Schlange ist zum Griff der Kanne geworden. Habe ich sie »in den Griff« bekommen? Ist das Böse gebannt, entmachtet für den, der von dessen Allgegenwart weiß? Die Schlange ist nun Teil eines Gegenstandes zum alltäglichen Gebrauch. (Abb. 20, S. 77)

Dennoch weiß ich, wie bewusst ich neben die Collage »Jakobs Kampf« das Hiob-Zitat aus der zweiten Gottesrede geschrieben habe: »Kannst du den Leviatan anbinden? [...] An den Kampf wirst du denken! [...]« (Hiob 40, 25-32) Ich habe meinen Schatten, den Schatten von Robert und nun auch Gottes Schatten angenommen. Die Gegenwart des Bösen kann mich nicht mehr überraschen. Das Mahakala-Ungeheuer im nächsten Bild (Abb. 21, S. 79) hält die Dämonen von dem Tempel fern; und der Stupa schließlich, über dem Grab gebaut, ist ein Sinnbild für den Erlösungsweg des Menschen über Tod und Wiedergeburt hin zur endgültigen Befreiung. Er zieht den Blick nach oben in einen blauen Himmel hinein, in den bunte Luftballons wie schöne Gedanken emporsteigen.

Ich habe eine Antwort auf die Sinnfrage gefunden.

Ist das Vater-Problem nun wirklich überwunden?

Ist der Vater »erlöst«?

Diese Frage beantwortet ein Traum drei Jahre später. Im Sommer 1989 male ich mit größtem Eifer das Bild der »Heiligen Elisabeth«, wie ich es aus der Elisabeth-Kirche von Marburg kenne.

Dann schreibe ich »Das Märchen vom Kästchen« (VIII, 5). Als es mir daraufhin gelingt, Bild und Märchen zu deuten (ich will den Zusammenhang im nächsten Kapitel darstellen), träume ich:

Mein Vater trägt ein reines, weißes langes Hemd bis auf die Erde. Ich soll ihm davon ein Stäubchen abwischen. Mit dem kleinen Finger tippe ich es weg. Nun ist das Hemd blütenweiß. (9/1989)

Der Traum sagt es mir: Der Vater hat ein »reines, weißes Hemd«, das letzte Stäubchen ist nun entfernt. Keine Schuld befleckt mehr sein Bild in meiner Seele. Die Schuld ist gesühnt.

Der Traum prägt es mir ein: Der Vater ist »erlöst« !

Stellt sich nun auch in mir ein Bild vom guten Vater ein? Erst sechs Jahre später taucht er auf als der Riese, der mit seinen starken, guten Händen die Kinder Hans und Anna (vgl. Kap. VIII), die sich im Geäst eines Baumes verstiegen haben, auffängt und dann beschützt (Abb. 22, S. 83).

V. Auf der Suche nach dem Ich

Entgegengesetzte Selbstbildnisse und ihre Entstehung

Mit Vater und Mutter in der Realität, mit den Bildern von Vater und Mutter, so wie sie in meinem Unbewussten vorkamen, musste ich mich auseinandersetzen, um leben zu können. Mein Ich trat als Clown ins Bild, der damit beschäftigt ist, beide Seiten im Gleichgewicht zu halten, um nicht zu stürzen. Er versucht, sich aufrecht zu halten, und hat doch keinen festen Standort. Dabei schleppt er schwer an eigenen Lasten.

Das Ich zeigt sich auch unmittelbar in den Bildern. Immer wieder tritt in ihnen und in den Märchen eine kleine Prinzessin auf, noch sehr jung, in einem blauen Seidenkleid und mit einem blonden Zopf. Immer hat sie eine Puppe, das Zeichen der Kindheit, bei sich. Einen festen Standort hat sie nicht. Mit ihr habe ich mich schon beim Malen identifiziert. Als sie zum ersten Mal im September 1983 auftaucht, male ich sie als Dreizehnjährige, die zu einem leuchtenden Kirchenfenster hochschaut. (So alt war ich, als mein Vater starb). Lachen kann das Kind nicht, so sehr ich mich bemühe, es mit einem Lachen zu malen. Sein Ausdruck ist traurig, hilflos, verzagt (Abb. 23, S. 87).

Neben die Prinzessin tritt später das Kind im Nesselhemd. Sein Kleid ist aus Brennnesseln geflochten; es fühlt sich nicht wohl in seiner Haut, sie brennt und schmerzt. Es steht isoliert da, verlacht, dem Spott preisgegeben. (Abb. 24, S. 89)

In anderen Bildern erscheint es als Bettelkind, auf den Domtreppen sitzend, wie das »Mädchen mit den Schwefelhölzchen« aus dem Andersen-Märchen. Nun sucht es Licht, Wärme und Fröhlichkeit in seinen Träumen. Die Welt des Freundes dort wird zum Gegenbild der eigenen kalten, grauen Realität.

Eine weitere Variante dieses Motivs, das in zahlreichen Bildern mich beschäftigt hat, ist das Bild der grauen Maus, die so gerne von den Menschen wahrgenommen würde. Sie tanzt sogar auf dem Seil vor ihnen; aber sie wird ausgelacht und verhöhnt. Für sie ist der Rat bestimmt, den der Esel, einer der »Bremer Stadtmusikanten«, gibt: »Etwas Besseres als den Tod findest du überall!« (Abb. 25, 91)

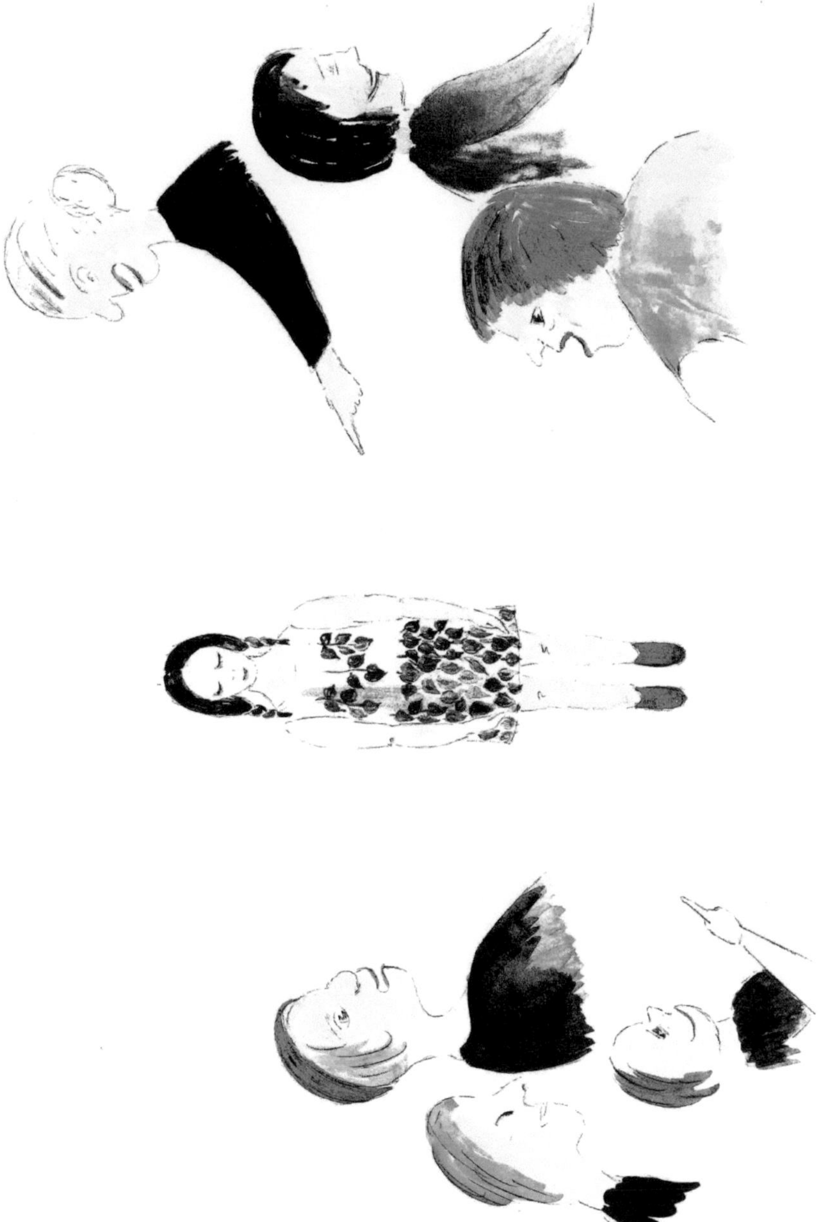

Das Ich tritt also in zwei Gestalten auf: als Prinzessin im blauen Seidenkleid und als Bettelkind oder graue Maus; in beiden Rollen ist es noch sehr jung.

Das Paar, Prinzessin und graue Maus, tritt auch in zwei Märchen auf.

In »Das Märchen von der goldenen Prinzessin und der grauen Maus« (VI, 2) von 1987 bewohnen beide gemeinsam ein Haus im Wald, sind aber nur abwechselnd da. Am Tag lebt die graue Maus, nachts die Prinzessin; die übrige Zeit verbringen sie in winziger Gestalt in einem Versteck. Das Mäuschen ist fleißig, dienstbar und entschuldigt sich ununterbrochen, als Besuch kommt. »Verzeiht,« piepste das Mäuschen, »werter Herr, hier ist noch nie Besuch gewesen, nun habe ich gar nicht aufgeräumt und nichts zur Bewirtung gekocht.« Die goldene Prinzessin dagegen nutzt die Gelegenheit, um Rettung zu bitten. Sie weint und gewinnt im Jäger, der ins Haus kam, einen Helfer.

Im Märchen vom »Hundeschloss« (V, 2) von 1977/81 trifft der nächtliche Eindringling tief unten in der Gruft der Könige eine Gefangene:

> *Neben ihm stand, blass und lieblich anzusehen, eine ganz junge Prinzessin in einem weißen Kleid, die nichts weiter hatte als ein goldenes Amulett an einem Kettchen und goldene Schuhe. Sie war noch so jung, dass sie die goldgelben Haare in zwei kurze Zöpfe geflochten hatte. Ihre Augen waren traurig.*

Auf die Frage: »Wo bist du am Tag?« erzählt sie:

> *»Als der Brand kam, bin auch ich geflüchtet, [...] da blieb nur ein Weg: Ich fand mich verwandelt zu einer kleinen, grauen Maus und schlüpfte in ein Loch unter die Erde. Dort bin ich nun am Tag, unsichtbar für alle, grau wie der Staub.«*

Das Schicksal dieser unglücklichen Prinzessinnen hängt mit dem Vater zusammen. Die Väter wollten ihre Töchter verheiraten, und zwar gegen deren Willen. Die »goldene« Prinzessin ist eines Köhlers Tochter. Der überhebliche Vater pries seine Tochter bei dem König an, sie könne »aus Stroh Gold spinnen«; und so eine Frau wollte der goldgierige König wohl haben. Nur durch Verwandlung in die Mausgestalt kann sie der Heirat entgehen.

Die kleine Prinzessin aus dem »Hundeschloss« wollte sich noch nicht von ihrem Vater trennen, als er sagte:

»Liebes Kind, dich habe ich besonders lieb, darum möchte ich dir nun einen Prinzen zum Manne aussuchen, mit dem du glücklich wirst.« »Ach, lieber Vater« sagte (sie) damals, »ich bin noch zu jung, und ich möchte bei dir bleiben.«

Zweimal verschiebt er sein Vorhaben, als sie aber beim dritten Angebot immer noch nicht heiraten will: »Ach, lieber Vater, es ist noch viel zu früh!« gibt er sie im Zorn der Willkür aller Bewerber preis.

Das Schicksal der beiden Märchenprinzessinnen wird nun fatal: Sie geraten in die Gewalt fremdartiger Gestalten, deren Begehren sie ausgesetzt sind. Sie fühlen sich bedroht, auch wenn sie nur noch nachts leben. Die Köhlerstochter wehrt sich gegen Huitzlipochtli, »ein kleines, dünnes Kerlchen mit hässlichem Gesicht« (VI, 2). Die kleine Prinzessin sollte die Frau des »Hundekönigs« werden. Mit ihr lebt in der Gruft »ein riesiges, schwarzes Tier mit wildem, zottigem Fell, einem mächtigen Gebiss: ein Riesenhund, der Hundekönig.« (V, 2). Angst und Schrecken bedrohen sie.

»Ich möchte gerne sterben« sagte sie, »denn ich lebe nur in der Nacht und nur in Gefangenschaft und immer voller Angst. Er will mich fressen, hat er gesagt, der Hundekönig, weil ich nicht seine Frau werden will.«

Wovor sich diese Prinzessinnen fürchten, macht ein Bild vom Mai 1987 deutlich: Ein blutrotes Messer liegt in den Kellerräumen des Schlosses und treibt das kleine Mädchen in die Flucht (Abb. 26, S. 95). Das Messer aber ist im Phallus sichtbar: Huitzlipochtli ist ein phallisches Symbol; der Hundekönig die animalische Seite des Männlichen. »Blaubart« trieb im Unbewussten sein Unwesen. Blaubart ist ein Mörder. Wenn ich die Tür zu seiner Mordkammer öffne, stürzt mir ein Blutschwall entgegen. Blut tropft vom Schlüssel, der die Kammer öffnet. Wen wundert es, dass ein so kleines Mädchen durch das ganze Schloss auf den höchsten Turm flieht und um Hilfe ruft?!

Warum wurde die Geschlechtlichkeit so angstbesetzt? Das »Märchen vom Hundekönig« erzählt es: Die ödipale Situation wird nicht bewältigt; das Mädchen bleibt unbewusst an den Vater gebunden; seine »Frau« möchte es sein.

HILFE !

Edda Brehm

Weil es damit aber gegen das Inzestverbot verstößt, muss es sein Begehren abwehren.

Es entwickelt eine negative Einstellung zur Sexualität: Sie wird nun als animalisch, abstoßend (»Hundekönig«), als bedrohlich (»Huitzlipochtli«), als tötend (»Blaubart«) wahrgenommen und deshalb vermieden.[8] Das Mädchen bleibt eine »kleine Prinzessin«. Die positive Bindung an den Vater wird nie weiterentwickelt und jede andere Kontaktaufnahme zu einem Freund verhindert. Dies geschieht durch Abwehrmechanismen.

Das zweite Bild zu diesem Thema (Abb. 27, S. 97) zeigt, wie ich die Angst besetzte Zone, Blaubarts Mordkammer, vermeiden wollte. Die Tür zu dieser Kammer wird ja erst hinter dem Grabstein mit meinem Namen sichtbar! Ich musste sterben, um diese Tür geschlossen zu halten. Erstarrt und tot, wurde Geschlechtlichkeit nicht mehr zu meinem Problem. Nun verstand ich es, die Männer von der gefährlichen Zone abzulenken. Der lustige Clown lenkt zu anderen Themen. Er springt nach oben: intellektuelle Gespräche unterkühlen das sexuelle Begehren.

An dieser Stelle wird auch die Rolle der grauen Maus verständlich. Sie lebte ja am Tage, d. h. im Bewusstsein, nicht wie die Prinzessinnen nur nachts, im Unbewussten. Eine »graue Maus« ist nicht in der Gefahr, dem Begehren eines Mannes ausgeliefert zu sein. Ja, sie kann sogar »auf dem Seil tanzen«, also sich inszenieren, wie sie will, sie wird ausgelacht, eben, weil sie und solange sie als graue Maus auftritt.

Wie habe ich denn das Gegengeschlechtliche in meinen Bildern und Märchen dargestellt, so frage ich mich. Gibt es kein positives Bild des Männlichen? Ich durchsuche meine Bilderberge. Weniges finde ich. Und jedes Bild ist mit einem großen Aber verbunden. Nur im Labyrinth der Tiefe zeigt der Schatten des Minotaurus im Tanz männliche Schönheit und Kraft, während der gefangene Minotaurus sich in ohnmächtiger Qual zusammenkrampft. (Abb, 28, S. 101)

An meinem Schreibtisch habe ich mich gemalt, zwischen mir und der Welt ist eine Glasscheibe. Draußen schneit es. Ein Schneemann will in mein Zimmer dringen; er durchbricht die Glaswand. Sein roter Schal weht mir entgegen. Soll ich ihm das Fenster öffnen (Abb. 29, S. 103)?

So habe ich die Männer gemalt: kalt, vereist. Meine Abwehr habe ich auf sie projiziert, und nun nehme ich sie abstoßend wahr.

Aus der Perspektive der nicht bewältigten ödipalen Situation gesehen, d. h. aus der Perspektive eines kleinen Mädchens, das beim Vater bleiben möchte, erscheint das Männliche erschreckend: Ein Riese tritt auf und will die kleine Prinzessin heiraten (»Das Märchen vom Riesen« III, 4) und sein riesengroßer Schatten fällt in ihren Lebensraum:

> *Da änderte sich die Welt. In schwarzen Steinen stand das weiße Schloss von einst. Das lebendige Wasser aus den Bächen des Gartens stand kalt und dunkel in den Gräben. Die Bäume verloren ihr Laub; die Blumen faulten im Regen. Tiefe, schwarze Wolken bedeckten den Himmel; der Sturm trieb sie hin und her; und es regnete Tag und Nacht. Trüb waren die Tage und ohne Sterne die Nächte. Die Tiere hatten das Land verlassen. Es gab kein Leben mehr in dem schönen Schloss. Kein Licht war in den Räumen. Stille herrschte überall.«*

So habe ich nur im Schatten gelebt. Ich hatte nur ein graues Bild von mir; war die »Dicke« in den Pubertätsjahren, unbeachtet, ausgeschlossen von geselliger Kommunikation; war als Erwachsene die fleißige, sich zur Verfügung stellende Dienstmagd. Lebensfreude sah ich nur bei den anderen. Ja, selbst an meinen Festtagen vermochte ich es nicht, in den Mittelpunkt zu treten.

Das schöne Bild von mir projizierte ich auf meine Schwester. Sie trat nun in meinen Träumen ununterbrochen neben mir auf; sie erlebte ich im Licht, und neben ihr konnte ich teilhaben an dem, was mir fehlte. Nur korrigieren konnte ich meine Position nicht.

Ein Kompensationsversuch

Zu Beginn der Sommerferien 1989 male ich auf einmal mit größter Konzentration und Freude das Bild der »Heiligen Elisabeth«, wie ich es als gotische Schnitzfigur aus der Elisabethkirche in Marburg kenne (Abb. 30, S. 105). Ja, noch ein Jahr später mache ich bei einer Reise einen Umweg über Marburg, um die Statue zu besuchen, um ihr gegenüber zu sitzen und sie eine lange Zeit zu betrachten. Ich studiere in Kunstbüchern den gotischen Faltenwurf, die Bewegungen und Sensibilität der Hände gotischer Gestalten. Auch die Vita der Heiligen interessiert mich.

Als ich die Kirche malen will, die sie stiftet und deren Modell sie in ihrer linken Hand trägt, verwandelt sich diese in ein Schneckenhaus; das also ist das Haus der Figur auf meinem Bild. Zu ihren Füßen kauert, auch anders als in der gotischen Statue, jemand, den ich kenne: das Bettelkind. Ich betrachte mein Bild mit Wohlgefallen, ohne es zu verstehen. Zwei Monate später erst beginne ich zu sehen, was mir das Unbewusste zeigen will:

Die Heilige konstelliert die Bettlerin und ebenso das Schneckenhaus, d. h. die Isolierung.

Ich lege das Bild neben den ersten Clown:

Was ist aus dem Clown geworden, der sich mit den furchtbaren Gestalten abschleppen musste?

Ich verstehe: Eine starke Person nur konnte die beiden Seiten im Gleichgewicht halten. Mit dem Ungeheuer, mit dem Tod und dem Elefanten fertig werden zu wollen, hat Konsequenzen, und die habe ich nun gemalt.

In der Rolle von Elisabeth kompensiere ich meine Schwäche. Elisabeth kam herunter von ihrer Burg, um den Hungernden und Kranken zu helfen; ihre Kraft nahm sie aus ihrem Glauben. Vielleicht gibt es Ähnlichkeiten mit meinem Lebensweg; nur: ich bin nicht Elisabeth; ich übernahm in meiner Bedrängnis eine derartige Rolle. Denn die Folgen für mich habe ich auch gemalt: Mein Haus ist das Schneckenhaus geworden!

Ich zog mich zurück in die Einsamkeit; mein Weg als »Elisabeth« führte in die Isolation. Gewiss, das kläffende Ungeheuer erreichte mich hier nicht mehr. Introversion schützte mich vor seinem Zugriff. Aber Elisabeth war auch kein Gegenüber mehr für eine irdische, normale Liebesbeziehung; sie war viel zu weit weg- und hochgerückt. Sie war von vielen Menschen umgeben, aber sie hielten sie für stark aus sich heraus. Die Frage nach Elisabeths Glück wurde ganz gewiss nicht mehr gestellt.

Links neben Elisabeth sitzt das Bettelkind. Es bettelt um Liebe und Gesehenwerden. Das Bettelkind, das einst neben die kleine Prinzessin trat, ist nicht weg, wenn die »Heilige« da ist. Seine Not wird nur kompensiert: Hungerte es nach Liebe, wird Elisabeth nun hilfreich Hungernden beistehen; wollte es wahrgenommen werden, wird Elisabeth nun das Leiden in der Welt sehen und ihm entgegentreten. Aber sie wird an ihre Grenze kommen; sie wird eine »hilflose Helferin« werden.

Hinter ihr und über ihr leuchtet groß das Kirchenfenster. Es nimmt nun die Stelle ein, die einst der Elefant ausfüllte, der den Clown niederdrückte in seiner unglücklichen Liebeserfahrung.

In Elisabeths Leben dagegen fällt von oben ein Glanz. Eine neue Perspektive hat sich aufgetan: Die Liebe wird ihr Lebensinhalt.

Tief im Herzen trägt Elisabeth eine Hoffnung, die ihr jedoch nicht bewusst ist. Sie fühlt sich für eine alte Schuld verantwortlich; diese möchte sie ihrem Vater abnehmen (vgl. IV). Sie möchte sie sühnen. Unbewusst will sie für sich gar nichts mehr. Sie verschenkt, was sie hat; sie baut nicht an einer materiell abgesicherten Zukunft wie alle Freunde und Geschwister. Manchmal ist sie glücklich, wenn eine Hilfe ankommt. Doch im Verborgenen fühlt sie ihre Ohnmacht, leidet sie am Mitleid.

Die Rolle von »Elisabeth« war für mich fatal. Ich nahm am Leben nicht teil; das Leben war bei den anderen. Ich wurde zum Zuschauer und zum Lückenbüßer. Und: Die Rolle war viel zu groß für mich.

Wer ist »Elisabeth«?

Heute denke ich: Sie war eine Rolle, in der ich - unbewusst - meinen inneren und äußeren Konflikten standhalten wollte; in der ich mich von meinen Verwundungen ablenken wollte, indem ich mich der Not anderer zuwandte. Die Rolle der »Heiligen« aber erlaubte den Menschen meines Umfeldes, auf meine Bedürfnisse keine Rücksicht zu nehmen. »Elisabeth« war wohl eine idealisierte Vorstellung von mir, das vollkommene »Bild«, das ich unbewusst von mir hatte. Mit diesem »Bild« habe ich mich dann identifiziert.

Einmal malte ich die Lasten, die der Clown schleppen sollte und die Elisabeth tatsächlich trug (Abb. 31, S. 109). Ein Berg von Kisten, Kästen, Koffern, Säcken, ein Steinhaufen wird im Bild sichtbar. Wie klein ist die Aktentasche, Verweis auf meine heutige Arbeit, im Vergleich mit den fremden Lasten! Die alte Frau ist im Lehnstuhl gut versorgt. Unter dem Gepäck sind auch die drei Männer, die mein Leben dreißig Jahre lang ausgefüllt haben.

Wer kommt heraus, wenn die Lasten abgeworfen sind?

Das Mäuschen ist es! Es tanzt oben auf Kisten und Kästchen. Ja, ich bin wieder die »graue Maus« ohne den Dienst für andere. »Elisabeth« bin ich nur, wenn ich die Helferrolle übernehme. Wer bin ich eigentlich wirklich?[9]

3. Reich
3. Welt
3. Reich
A U S C H W I T Z

Da erzählt mir das Unbewusste eine Geschichte, die eine Lösung für meine Not enthält. Ich schreibe sie auf im September 1989: »Das Kästchen« (VIII, 5).

Ein Bettelkind lebt schlecht und recht ein ungeschütztes Leben. Da schenkt ihm die gute alte Waldfrau seiner Träume ein wunderbares Kästchen. Sie sagt: »Was immer du brauchst, du findest es in ihm. [...] Und merke: nur einmal am Tag darfst du das Kästchen öffnen, nur einmal!«

Das Kind erhält alle Kraft zum Leben aus seinem Unbewussten geschenkt. Die Gaben des wunderbaren Kästchens aber nimmt das Kind nun nicht für sich. Überall sieht es größere Not als bei sich. Es verschenkt, was es haben kann. Es will helfen, heilen; es will das Böse in der Welt überwinden. Aber nun macht es die Erfahrung, dass es nicht genug helfen kann, dass es sich ausbeuten lässt und selber eine Bettlerin bleibt. Es wird eine kleine »Elisabeth«, ein hilfloser Helfer. Und in seiner Not steht es schließlich alleine da.

Noch einmal kommt die Waldfrau. Diesmal warnt sie das Kind vor der Gier der anderen. Das Mädchen erkennt: »Ich bin nicht gut umgegangen mit dem Geschenk, [...] Die Menschen sind nicht glücklicher geworden, sie sind unersättlich und neidisch.« Es begreift, dass es das Kästchen hat, um selber leben zu können; dass es dessen Geschenke für sich selbst verwenden muss; dass es dessen Kraft braucht, um überhaupt Lebensbejahung zu entwickeln.

Das Unbewusste macht aus dem Bettelkind einen glücklichen Menschen. Es überwindet seinen Bettelstatus! Es muss kein Bettelkind mehr sein! Es hat alles, was es zum Leben braucht. Es muss nur den fatalen Wunsch aufgeben, alle Defizite auffüllen, alle Not heilen zu wollen. Nun gewinnt es auch Vertrauen zum Leben. Es holt sich aus dem Kästchen Menschen, die es liebt. Es erfährt Zuwendung und Kommunikation. Es kann Gottes Probleme Gott überlassen. D. h. aber auch, es kann nun Realität annehmen, wie sie ist.

Das Kind ist am Ende nicht zu einem Egoisten geworden. Es ist von innen reich, und es hat nun genug zum Leben. Aus der Fülle kann es dann verschenken, ohne seine Lebensgrundlage zu gefährden. Am Schluss der Geschichte heißt es:

> *Wie die Geschichte weitergegangen ist, möchtest du wissen? Wie eine Zirkusgeschichte. Sie sind umhergezogen, haben die Leute unterhalten und sind selber fröhlich gewesen. Und jeden Morgen holte die junge Frau aus ihrem Kästchen eine Hand voll Glück.*

VI. Robert*

oder: Lieben heißt loslassen können

Erfahrungen in der Zweierbeziehung

Nun bin ich bei meinem zentralen Thema angekommen, bei der bitteren Erfahrung, die sich in meinen Liebesgeschichten wiederholte.

Das Bild des ersten Clowns zeigt ihn niedergedrückt von der Last eines Elefanten, der in den späteren Bildern als Symbol der roten Blume erscheint und dann in den Personen der drei Männer verstehbar wird.

Warum musste ich soviel leiden, wenn ich liebte? Wen suchte ich denn als Gegenüber; mit wem stellte ich mir vor, glücklich zu sein?

Irgendwann habe ich begriffen, dass ich einen Erlöser suchte, einen, der so stark und so voller Liebe war, dass er meine Verzweiflung überwinden konnte. Ich träumte von einem Menschen, ohne mir dies bewusst zu machen, zu dem ich fliehen konnte vor meiner Mutter (d. h., er sollte mir ein Vater sein); der mich über den Tod trösten und aus der Depression des Vaters befreien konnte (d. h. er sollte mir eine Mutter sein); von einem, der die »graue Maus« aus der Isolierung holen und den Hunger des »Bettelkindes« nach Liebe stillen konnte. Ja, ich suchte einen Retter, eine Christusgestalt.

Erlöst zu werden ist das Thema vieler meiner Märchen. Schon mein erstes von 1970 hatte für das versteinerte Mädchen die Errettung beim Mann gesucht. Einmal ist es der Bruder, der die Prinzessin aus der Gefangenschaft (III, 1), ein andermal ein Maler, der sie aus der Totenstarre befreit (V, 3).

So war mir auch das Märchen von »Jorinde und Joringel« seit meiner Kindheit das liebste, rettet doch der treue Joringel seine Geliebte aus der Verzauberung mit der Kraft seiner Liebe.

Aber: Wie hätte ein Mann diese Retterrolle übernehmen können?

Wie hätte er denn auf Dauer mit mir zusammenleben können?

Zwei Abschiede lagen hinter mir.

Dann trat Robert* in mein Leben.

*Der Name wurde geändert

In Robert konnte ich den starken, hilfreichen Menschen lieben; er war den anderen ein verstehender Zuhörer und Berater. Er erschien mir als Mittelpunkt sich vereinzelnder Menschen, denen er beizustehen verstand. Er gab ihnen Hoffnung, öffnete ihnen Zukunft, wo Resignation war. Sein Lächeln, seine Wärme hatten mich angezogen; und eine gemeinsame Geschichte erträumten Glücks entstand.

Woran lag es, dass wir miteinander so unglücklich wurden, obwohl uns doch beide die Liebe »auf den ersten Blick« ergriffen hatte?

Warum konnten wir das Glück einer wunderbaren Verständigung nicht festhalten? Warum fühlte er sich bedrängt in der Beziehung, verhielt sich ambivalent, sehnsüchtig und doch ausweichend? Warum erlebte ich mich als verleugnet und schließlich als ausgelöscht? Warum nahm ich mich so zurück, bis ich nicht mehr da war?

Unsere Sehnsucht: Nähe und Kommunikation; Gemeinschaft und Verstandenwerden.

Unsere Erfahrung miteinander: Befangenheit, Unfreiheit; schließlich Schweigen, Sprachlosigkeit, Leere.

Jahre habe ich gebraucht um zu verstehen und zu verarbeiten, worunter ich gelitten habe. Dabei öffnete mir eine Interpretation zu Grimms Märchen vom Froschkönig die Augen.[10]

Dort wird eine Beziehungsgeschichte unter dem Aspekt dargestellt: »Ich liebe dich, weil ich dich brauche.« Der Froschkönig liebt die kleine Prinzessin, weil er von ihr aus seiner Entstellung erlöst werden möchte, aus seinem Leben tief unten im Brunnen. Bei ihr sucht er Fröhlichkeit und Licht. Sie aber fühlt sich schließlich so bedrängt, dass sie ihn gegen die Wand wirft und tötet.

Meine Geschichte mit Robert war nur seitenverkehrt: Ich träumte aus der Perspektive des Brunnenlochs, aus der Einsamkeit und Depression, von der Helligkeit seines »königlichen Schlosses« (Abb. 32, S. 115). Ich musste nur bei ihm sein, um teilzuhaben an seinem Glück und seiner Geselligkeit. Seine Nähe verhieß alles, was ich entbehrte. Die Wirklichkeit aber sah anders aus. Gab es für uns Öffentlichkeit, war ich für Robert nicht anwesend. Er verbarg sich, so erlebte ich es, hinter einer Maske; er funktionierte in seinem Amt; er selbst war nicht mehr vorhanden und auch nicht mehr erreichbar.

Für diese Erfahrung fand mein Unbewusstes das Bild der Marionette. Eine Reihe von Karikaturen entstand 1990. Das erste Blatt entlarvt das Groteske

der Gegenüberstellung: Weil sie ihn bewundert, kann er sich so großartig in Szene setzen; weil er soviel Raum beansprucht, ist sie nur noch hingehaucht neben ihm. Ihre Sensibilität ihm gegenüber nimmt ihr jede Festigkeit; die Hände sind zu Fühlern verwandelt; gleich wird sie wegfliegen. (Abb. 33, S. 117)

Eine zweite Karikatur zeigt, wie es dem »Fröschlein« neben dem »großen Meister« erging. Weil das »Fröschlein« ihn in seiner Not bedrängt, wird es unter seinen schönen Schuhen zertreten.

Meine Geschichte mit Robert habe ich mir in einem eigenen Buch von der Seele geschrieben.[11] Die schlimme Realität, dass der, der in meiner Wohnung ein liebevoller Mann war, sich draußen in einen Fremden verwandelte, »Sie« zu mir sagte und darunter nicht zu leiden schien, diese unerträgliche Realität fand ihren Niederschlag im »Märchen vom Marionettenspieler« (IV, 4) von 1986.

Es erzählt, wie ein Geliebter in den Händen eines Marionetten-Spielers zu einer Puppe wird: »Mein Herz ist aus Holz,« sagte er, »meine Augen, meine Ohren können nicht mehr hören und sehen; aus mir spricht ein anderer.«

In dieser Geschichte macht sich die alleingelassene Frau auf den langen Weg, ihren Geliebten zu erlösen. Sie läuft bis zur Sonne, zum Mond und zu den Sternen mit ihrem Anliegen und es gelingt ihr, den Geliebten aus der Macht des Theaterbesitzers auszulösen. Inzwischen habe ich verstanden, welchen Einfluss auf Robert ich im Bild des Marionetten-Spielers gemeint habe. Es ist die Macht der öffentlichen Meinung, an deren Fäden ich ihn zappeln sehe wie eine Marionette. Es geht ihm primär um sein Ansehen in der Öffentlichkeit. Er will gefallen. Es ging ihm nicht um sein Glück oder um das seiner Frau, als er mich im Regen stehen ließ; er wollte nur nicht ins Gerede kommen.

Wie kann ich mich von den Schmerzen, die diese Erfahrung mir bereitet, befreien; von meiner Abhängigkeit, von den sich wiederholenden Kränkungen, von meiner Hoffnung, er würde sich ändern?

Einsicht in unsere Problematik

Ein Bild, das scheinbar ganz aus dem Rahmen meiner übrigen Bilder fällt, bringt mich einen großen Schritt weiter. Ich nenne es »die Unbetroffene« (Abb. 34, S. 123). Eine schicke Frau sitzt in einer Bar mit spitzen Schuhen wie mit Dolchen. Sie erscheint mir kalt, launisch und gleichgültig. Sie zeigt die kalte Schulter, und ich höre sie mit anderen lachen, während mir das Herz bricht. Schon einmal haben mich rote Schuhe zertreten; diese hier dringen direkt ins Herz.

Was erfahre ich über mich?

Welcher Schatten von mir tritt ins Bild?

Wo, wann bin ich die »Unbetroffene«?

Ja, ich sehe es:

Bin ich emotional zutiefst verwundet und empört (und das nicht nur gegenüber Robert), so zeige ich meine Wut doch nicht. Ich bleibe distanziert, höflich, freundlich. Meine Briefe sind nicht spontan, leidenschaftlich oder zornig; nein, sie sind durch- und durchreflektiert. Ich lasse sie solange liegen, bis jedes Wort abgeschmeckt ist und stimmt. So kann ich hinter jeder Aussage stehen. Meine wahren Gefühle lasse ich nicht unkontrolliert durch. Ich spiele die Unbetroffene, z. B. Robert gegenüber, und meine Wut schreie ich hier in mein Federbett. Ich traue mich nicht, meine Wut dort auszutragen, wo sie entsteht. Der Kampf aber findet in mir statt.

Ich trete mir selbst ins Herz. Die Frage, wie ich mich fühle, habe ich nie gestellt. Ich habe immer nur gehofft, ein anderer, Robert z. B., würde die Frage nach mir stellen. Er würde auf mein Gefühl eingehen.

Da begreife ich: Die Frage nach mir muss ich selber stellen!

Erwarte ich nicht mehr, dass ein anderer sie stellt, so bin ich frei von Wünschen, Vorwürfen, Wutausbrüchen. Und von nun an wiederhole ich immer wieder:

Die Frage nach mir muss ich selber stellen!

Die Frage nach mir muss ich selber stellen!

Verwandlung für das »Fröschlein« kann erst eintreten, wenn ich nicht mehr auf Rettung warte, nicht mehr nach einem Erlöser Ausschau halte. Wenn ich den Mann nicht mehr idealisiere, von ihm keine Hilfe mehr erwarte, kann er mich nicht mehr verletzen, ja, vernichten, durch seine Indifferenz.

Erlösung für das »Fröschlein« tritt ein, wenn ich von mir selbst alles erwarte: wenn ich die Frage nach mir selber stelle!

Im September 1990 taucht das Marionettenthema wieder auf, eine entscheidende Änderung tritt jedoch ein. Ich schreibe das Märchen »Die Marionette oder: eine andere Geschichte von der Jungfrau Maleen« (IV, 7) und illustriere es mit einem Bild.

Wie im Grimmschen Märchen verlässt Maleen nach sieben Jahren ihren Turm, indem sie sich einen Ausgang gräbt, und sucht den ehemaligen Geliebten. Sie trifft ihn auf der Bühne als Marionette wieder.

Auch hier gelingt die Erlösung und Rückverwandlung der Puppe in den Prinzen von einst. Danach folgt ein Gespräch zwischen den beiden:

> *»Liebster,« sagte sie, »nun erzähle doch einmal, was dir geschah, als ich im Turm gefangen saß. Wie lange hast du denn geweint, als ich für dich verloren war?« »Am ersten Tag war es,« erzählte er, »als ich um den Turm schlich und deinen Namen rief, da kam der graue Mann und sprach mich an: »Was weinst du denn? Verloren ist verloren! Suche dir ein neues Glück, so jung, wie du bist!« »Was versprach er denn, dass du sogleich ihm folgtest?« fragte sie weiter. Und eifrig fuhr er fort: »Ich habe ein berühmtes Theater, dorthin lade ich dich ein!« So sprach der Fremde. »Bei mir ist das Leben, ist Fröhlichkeit und Glück. Jeden Abend wirst du auf der Bühne stehen, du wirst in Versen sprechen und bedeutende Rollen spielen. Und bedenke, wie dir die Kostüme stehen werden! Nun bist du nur ein Prinz, aber bei mir kannst du Könige spielen, du kannst ein General sein, Don Juan oder Doktor Faust!« »Und,« fragte sie leise, »wie oft warst du denn der Don Juan?« »Es war meine liebste Rolle,« schwärmte er, »alle Herzen flogen mir zu.« Da sagte sie nach einer Pause: »Nur meines hast du verloren!«*

Maleen trennt sich von dem, den sie einst geliebt hat. Sie hat auf ihn gewartet und an ihn gedacht, nur ist er ihr entfremdet, als sie ihn wieder findet.

Das Bild zeigt, dass sie ihn nicht wie einen Menschen umarmen kann; er entgleitet ihr, eine Pappgestalt. Trauer bleibt zurück. (Abb. 35, S. 125)

Einen Satz, der meine Erfahrung zusammenfasst, habe ich in das Bild geschrieben. Es ist, als könne Maleen auf dieser Basis stehen.

»Es kann sein, dass uns [...] immer mehr genommen wird; es kann sein, dass wir uns nach allem Tun und nach allem Bemühen völlig gescheitert und wie verloren fühlen [...] Wichtig ist einzig, dass wir es Gott anheim stellen, was er aus unserem Leben machen will [...], was wir ihm überlassen, ist niemals vernichtet.«[12]

Die Auseinandersetzung mit meiner Beziehung zu Robert ist dennoch nicht abgeschlossen.

Hinter allen Verkleidungen erlebe ich ihn als erlösungsbedürftig. Muss nicht erst er erlöst werden, bevor er mich erlösen kann? Mein Verlangen dreht sich um.

Ich nehme ja seine Signale auch wahr, seine lautlosen Hilferufe. Hinter welchen Mauern hat er sich denn versteckt? Wer befreit ihn aus seinem Gefängnis?

Jahrelang versuche ich ihn hinter der glänzenden Fassade seiner öffentlichen Auftritte wieder zu finden. Ich verstricke mich in ein Versteckspiel, ohne ihn zu finden; er flieht nur immer mehr.

Da male ich uns beide in unserem gleichzeitigen Zusammen- und Getrenntsein. Ich nenne das Bild »Dornröschen und Prinz Eisenherz« (1/1991).

Ich male zwei eingemauerte Gestalten: Sie ruft um Hilfe; von ihm fließen Tränen aus dem Gefängnisfenster heraus. Die bekannte Marionette steht vor dem Turm. Ein Leitungsdraht verbindet beide Türme; dort sitzt die Eule und »sieht«. Ich lache beim Malen, denn ich beginne nun auch zu »sehen«:

Die schwarz-gelben Gestalten leben Robert und ich; er die Marionette, die totale Extraversion; ich die Eule, völlige Introversion.

Die in Not geratenen hilflosen Kinder, die wir auch sind, klagen ungehört.

Sein Turm ist bis oben zugemauert; der Gefangene hat sich sogar mit den Mauern weggekrümmt: Es gibt keinen Zugang zu ihm; es sei denn, er selber wollte heraus.

Ich beginne, Roberts Realität wahrzunehmen. Ich sehe: Seine Ambivalenz kann ich nicht auflösen. Der eingesperrte Prinz sagt »ja« zu mir; er möchte geliebt werden, weil ich auf ihn aufmerksam geworden bin.

Die Marionette aber sagt »nein« zu den Möglichkeiten unseres Zusammenseins; sie fürchtet, ihre großartige Rolle zu verlieren.

Sie muss ihm wichtig sein, verbirgt er doch die Hilflosigkeit des gefangenen Kindes hinter ihr. Er braucht sein Image. »Lass ihm doch sein Image«, denke ich, »wenn es ihm denn soviel wert ist. Was willst du seine Schwäche entlarven! Das ängstigt ihn, treibt ihn in die Flucht. Lass ihn so, wie er gesehen werden möchte.«

Und auch dieses sehe ich: Ich kann die Mauer nicht durchbrechen, die um ihn ist. Seine Signale der Not haben mich erreicht, nur eigne ich mich nicht, diese Mauern einzureißen. Ich kann die Situation nicht verändern, so sehr ich es mir gewünscht habe. Ich kann sie jedoch zulassen.

Und ich beginne, Robert loszulassen.

Der negative Animus

Eine Bilderreihe »Türme« schließt sich an. Ich male einen Jüngling, der immer höher und höher auf einen Turm flieht, bis er schließlich über den Wolken ganz auf der Spitze in absoluter Einsamkeit Gott um Hilfe anruft. (Abb. 36, S. 131) Ich sehe ihn nur von hinten mit seinem wehenden roten Schal und seinem blonden Lockenschopf. Ich kenne ihn: Er ist der »Puer aeternus», der ewige Jüngling.[13]

Tritt er mir in einem Mann entgegen, so bin ich fasziniert. Sein »Strahlen«, seine Dynamik ziehen mich an. Er trat mir in allen Liebesbeziehungen entgegen; er stellt sich als Retter dar. Er war es, den ich in Robert geliebt habe. Inzwischen habe ich auch seine Problematik verstehen gelernt: Er ist immer auf der Flucht. Die Erde erscheint ihm als negative Mutter, er siedelt sich oben über den Wolken an und ist blind für seine Gefährdung in schwindelerregender Höhe.

Zunächst meine ich, Robert sei der Beter auf meinem Bild. Aber inzwischen erkenne ich, dass ich ein Problem von mir auf ihn projiziert habe und als sein Problem wahrnehme.

Ich bin es, die sich von der Welt abwendet; Fantasien, Gedanken, Gebete locken mich von der Erde fort. Der Bezug zu ihr ist fast aufgegeben, wie die ersten Clownbilder zeigen. Nur mit der Zehenspitze berührte der erste Clown die Erde; und der zweite schwebte auf einer Träne.

Der Puer, eine männliche Gestalt in mir, möchte zur Erde zurück. Ich begreife: Oben auf dem Turm über den Wolken zu sein, ist die Umkehr der

Situation von Jona im Bauch des Wals. Dies war mein erstes Motiv, als ich zu malen anfing. Ganz in der Tiefe bin ich gewesen, im Dunklen und in der Angst. Nun bin ich ganz in der Höhe, im scharfen Wind, im hellen Licht und auch in der Angst. Ich bin vollkommen allein und rufe Gott in meiner Not zu Hilfe.

»Aus der Tiefe rufe ich, Herr, zu dir!« (Ps. 130)
»Aus der Höhe rufe ich, Herr, zu dir!«

Der Puer ist der negative Animus, wie C. G. Jung sagen würde. Wie soll er von oben herabkommen, den Schwindel der Höhe überwinden? Soll er abspringen? Da wandelt sich das Bild. Der Turm wird zur Arche Noah, die auf dem Meer treibt und ans Land kommen wird. Die Taube fliegt schon auf. Nun erfüllt das Dankgebet des Geretteten den Himmel:

»Herr, deine Güte reicht, so weit der Himmel ist,
und deine Wahrheit, so weit die Wolken gehen. [...]
Herr, du hilfst Menschen und Tieren.
Wie köstlich ist deine Güte, Gott,
dass Menschenkinder unter dem Schatten deiner Flügel
Zuflucht haben!
Sie werden satt von den reichen Gütern deines Hauses, [...]
Denn bei dir ist die Quelle des Lebens.« (Ps. 36, 6-10)

Der Beter hat einen Himmel, aber eine Erde hat er nicht. Oder?

Noch ein Bild entsteht: Noch einmal will ich den Himmel malen und male doch einen Baum, der sich über den Beter wölbt. Der aber ist an die Erde gebunden, denn seine Beine werden in dem kleinen Turm festgehalten. War er auch in der Gefahr abzustürzen oder abzuspringen in den Tod, so hat er doch die Erde wiedergewonnen; der kleine Turm ortet ihn. (Abb. 37, S. 133)

Was erkenne ich aus dieser Bilderreihe im Zusammenhang dieses Kapitels?

Ich habe immer das Gefühl gehabt, Robert entziehe sich, wo er sich auf Realität einlassen müsste; er fliehe, wo man ihn festhalten wollte.

Herr, deine Güte reicht, so weit der Himmel ist,
und deine Wahrheit, so weit die Wolken gehen.
Herr, du hilfst Menschen und Tieren.
Wie köstlich ist deine Güte, Gott,
daß Menschenkinder unter dem Schatten deiner Flügel
Zuflucht haben!
Sie werden satt.
Denn bei dir ist die Quelle des Lebens.

Ich war auf der Suche nach ihm, und, bildlich gesprochen, sah ich ihn dann nur noch in irgendwelchen Höhen davoneilen.

Nun begreife ich, dass ich mein eigenes Animus-Problem in Robert wahrgenommen habe; dass ich nun die Chance habe, da ich die Animus-Projektion erkenne, sie zu verarbeiten.

Das Unbewusste sagt: »Pass auf, deine Gedanken sind zu weit nach oben ausgerichtet, du verlierst den Bezug zur alltäglichen Welt. Aber im Vertrauen, dass dein Leben bejaht ist, kannst du sie hier sinnvoll einbringen. Der beseelte Himmel verwandelt sich in eine Baumkrone: Sieh doch die Welt der Fantasie und des Nachdenkens, die du über die Köpfe der Menschen um dich herum zu zaubern vermagst; sieh doch deine Möglichkeiten, Märchen, Lyrik, biblische Texte emotional in der Schule zu vermitteln. Der Animus hat dort seinen richtigen Ort gefunden!«

Und: Meine Tendenz, die Erde aus den Augen zu verlieren, kann ich erkennen und in meine Arbeit so einbringen, dass neue Perspektiven entstehen.

Roberts Flucht aus den Gebundenheiten seines Lebens aber kann ich nicht beeinflussen. Die von mir gesehene Gefährdung kann ich Gott anvertrauen. Mein Verhältnis zu ihm entkrampft sich immer mehr.

Im »Märchen vom Fröschlein« (VI, 3) ist die Grundstimmung verändert. Puer und Froschprinzessin treffen zusammen. Mein alter Traum erfüllt sich. Aber der schöne Prinz tritt nicht als Erlöser auf. Das Fröschlein ist in sich heiter, selbstbewusst und voll Verständnis, dass dem Prinzen nur die Verleugnung seiner Existenz einfällt. Es ist nicht mehr abhängig von dessen Hilfe.

Der Puer aber muss einen langen Wandlungsprozess durchlaufen, ehe er ein Partner des Fröschleins sein kann. Die Rückverwandlung der verwunschenen Prinzessin ist dann ganz einfach: Sie muss nur in ihrer derzeitigen Froschhaut zugelassen und geliebt werden, dann wird sie auch sie selbst ohne weitere Hilfe.

»Was muss ich tun, dass du deine Froschhaut ablegst, meine Liebste?« »Lass mich an deiner Seite leben,« sagte die Froschbraut, »und wenn ich ein Kind bekomme, wird mir mein Froschkleid zu eng, dann wird es aufreißen, und ich werde wieder eine Königin sein.« »So wollen wir es halten,« sagte er, und er trug sie auf seinen Fingerspitzen in sein königliches Schlafgemach.

Immer noch stelle ich mir vor, dass die Erlösung der verzauberten Prinzessin im Gegenüber eines Retters geschieht. Immer noch sehe ich mich als Teil eines Liebespaares.

Da male ich im April 1991 zwei Bilder, deren Inhalt mir wehtut, die sich aber als sehr hilfreich erweisen auf meinem Weg der Selbstfindung.

Das erste Bild nenne ich »das Liebespaar«. Zuerst zeichne ich eine Mauer aus mächtigen Quadern; zu ihren beiden Seiten will ich die Liebenden malen. Denn eine Mauer trennt sie ja, das weiß ich seit langem. Vor der Mauer steht das Mädchen; es drängt sich an die Wand, so nah es geht; es versucht, den Geliebten wahrzunehmen, den es nicht sehen kann. Mit einem riesengroßen Ohr lauscht es auf die Signale, die aus seiner Richtung kommen. Den Mann zeichne ich hinter die Mauer. Hält er sich die Ohren zu, dass er sie nicht hört? Ist er überhaupt da? Ich frage in mich hinein. Dann radiere ich das Skizzierte fort.

Ich sehe nichts. Da ist niemand! Auch hinter der Mauer ist kein Geliebter. Es gibt überhaupt keinen Geliebten! Dort ist eine Leerstelle. Und ich muss nun lernen, diese Leere wahrzunehmen und auszuhalten (Abb. 38, S. 137).

Wieder beginne ich zu malen. Es soll eine schöne Griechin werden. Seit Tagen suche ich in Büchern das richtige Modell. Ich möchte ein Venus-Bild von großer Schönheit malen. Endlich finde ich ein Foto, das geeignet erscheint. Ich zeichne ein schönes Profil, einen säulenähnlichen Körper. Das Mädchen im grünen Kleid aus dem letzten Bild umarmt die Statue.

Ich schaue nach, wen ich eigentlich gemalt habe. Da staune ich:

Es ist Persephone, die als Kore von Hades geraubt wurde, die ein Drittel des Jahres in der Unterwelt leben muss. Welche Versteinerung taucht nun aus der Unterwelt auf, nachdem Roberts Platz mir als Leerstelle bewusst geworden ist? (Abb. 39, S. 139)

Noch bin ich nicht »fertig« mit Robert.

Als in Grimms Märchen vom Froschkönig der Totschlag geschah, war dieses schreckliche Erleben der Anlass, den wahren Prinzen aus der deformierten Gestalt zu befreien. Im Märchen verwandelt sich der Frosch zum liebenden und dann auch geliebten Prinzen. Als »Frosch« abgewiesen und an die Wand geworfen, kommt er zu sich und findet seinen Wert zurück.

In meinem Leben gelang die Rückverwandlung des »Fröschleins« nicht. Ich konnte mein Selbstwertgefühl nicht wiedergewinnen; ich versteinerte. Dieses versteinerte Bild der Liebenden taucht nun aus dem Unbewussten auf.

Ich frage mich: Warum bin ich seit damals, noch sieben Jahre lang, immer in Gedanken mit ihm beschäftigt; warum habe ich ihn auch immer mal wieder getroffen und doch nur die Erfahrung der Abweisung, des Schweigens, der Indifferenz wiederholt; warum habe ich mich nicht im Zorn abgewandt? Warum konnte ich Robert immer noch nicht loslassen?

Nun verstehe ich:

Ich bin versteinert aus Trauer über ihn. Ich bin an seinen Schatten geraten. Er hat sich auf nichts eingelassen, was mich betraf. Hatte der Puer mir in guten Zeiten sein »Strahlen« angeboten, so entzog er sich meiner Notsituation ohne jeden Kommentar. Ich konnte mich nicht einverstanden erklären mit seiner Lieblosigkeit, mit seinem Verdrängen aller Konflikte. Darum wollte ich solange noch eine Situation herstellen, um diese Erfahrung mit ihm zu korrigieren. Ich wollte verändern, was mich versteinern ließ. Ich konnte ihn mit seinem Schatten nicht annehmen und ihn ebenso wenig als Person ganz ablehnen.

Ich kann die Leere nicht auffüllen zwischen ihm und mir, die Situation nicht verändern. Kann ich sie zulassen? Kann ich sie nun einordnen in mein Leben, die Zeit mit Robert als eine Zeit meines Lebens betrachten? So frage ich mich noch jahrelang.

Nun taucht der Clown in den Bildern wieder auf. Mit dem Tonnengewicht eines Elefanten hatte meine Liebesgeschichte mich niedergedrückt. Nun fällt vom Kopf des Clown ein Kartenhaus in sich zusammen; meine Illusion, es gäbe einen Menschen, der mich liebt, kann sich auflösen. Ich brauche die Illusion nicht mehr. Der Clown steht auf eigenen Füßen.

Auch die Marionette tritt noch einmal ins Bild. Es ist die Erscheinung von Robert, die ich verachtet habe, die ich am wenigsten als zu ihm gehörend erlebte. Nun löst sich das negative Bild von Robert auf. Es tritt zurück hinter das Kirchenfenster; es wird transparent: Licht fällt hindurch (Abb. 40, S. 141).

Verständnis für seine und meine Ausgangssituation

Zwei Jahre später – ich kenne Robert nun vierzehn Jahre – fällt mir ein Buch in die Hände, das mir die Augen für meine Situation öffnet. Nun kann ich verstehen, warum ich mich so sehr auf ihn fixiert hatte, obwohl er an meinem Wohlergehen nicht interessiert war.

»Wenn Frauen zu sehr lieben«, verdeutlicht die Autorin Robin Norwood[14], wenn sie jahrelang vergeblich trotz aller Indifferenz und eigener Schmerzen die Liebe eines Mannes ersehnen und um sie werben, so meinen sie unbewusst ihre Beziehung zu einem Elternteil, möchten sie doch nur die in ihrer Kindheit nicht erfahrene Bejahung und Liebe endlich erleben, das Defizit von einst überwinden. Einmal wollen auch sie gemeint sein, darum ringen sie mit dem Einsatz aller Kräfte um den anderen; einmal erfahren, was sie zu Hause entbehrt haben. Nur: sie wiederholen die Konstellation der Kindheit: die Männer sind wie Vater oder Mutter, die die Liebe verweigert hatten, emotionslos, gleichgültig, kalt.

Endlich kann ich meinen Irrtum durchschauen: Ich konnte Robert nicht dazu bringen, mich zu lieben, wenn er auch werbend mir entgegengetreten war. Ich habe die Situation zwischen uns falsch interpretiert. Endlich kann ich aufhören, seine Liebe und eine Gemeinschaft mit ihm zu wollen. Ich muss ihm nichts mehr vorwerfen. Ich will ihn nicht mehr verändern; seine Probleme kann ich nicht in Ordnung bringen.

Ich kann ihn lassen.

Er ist, wie er ist.

Er ist mir nicht gleichgültig geworden. Denn ich habe ihn geliebt; seine Wahrhaftigkeit lag mir am Herzen. Sein Leben kann ich Gott anvertrauen.

Lieben heißt loslassen können.

Im Jahr 2007 habe ich mich entschlossen, mein Buch noch einmal zu öffnen, es an einigen Stellen zu ergänzen und weiterzuführen. So entsteht zu diesem Kapitel ein Nachtrag: Zwei Bilder von 2006 vermitteln mir eine Erkenntnis. Zunächst male ich eine Pilgerfamilie im Hochland von Tibet auf einer Passhöhe, wo im Gestrüpp verdorrter Äste Gebetsfahnen im Winde flattern. Ich höre, wie die Stofffetzen hin- und herschlagen; und sehe, wie einige losgerissen in den blauen Himmel hinauftreiben (Abb. 41, S. 145).

Da erscheint am Horizont über den verschneiten Gebirgsketten und jenseits eines Wolkenstreifens ein überdimensionaler Stupa. Die blauen Augen Buddhas schauen über die Hochebene. (Abb. 42, S. 145) Alles liegt in ihrem Blickfeld. Ich schreibe einen Psalmvers in das Bild hinein.

Der das Ohr gepflanzt hat, sollte der nicht hören?
Der das Auge gemacht hat, sollte der nicht sehen?
(Ps. 94, 9)

Bekomme ich eine Antwort auf meine lebenslange Sehnsucht, wahrgenommen zu werden? Auf das Anliegen, das unbewusst hinter meiner Liebesbeziehung stand und sie zugleich unerfüllbar machte?

Eine innere Freiheit ist entstanden und ich kann endlich die alte Hoffnung loslassen, die mich noch einmal mit Robert zusammenführte. Nach mehreren Gesprächen verstehe ich seine Ambivalenz aus den Achtzigerjahren, die mir das Leben so schwer gemacht hat.

Er war gar nicht auf die Idee gekommen, die Frage nach mir zu stellen. Er hielt mich für stark, er suchte bei mir Verstandenwerden und Angenommensein. D. h., er suchte die gute Mutter, was ihn aber mir gegenüber in den kleinen Jungen verwandelte, der er auch noch war. Nur: diese Erfahrung der Schwäche durfte er vor sich nicht zulassen. So träumte er sich in eine erfüllte Beziehung zu mir hinein und floh doch vor ihr; so sendete er seine Signale zu mir und ließ mich im Regen stehen. Meine Befindlichkeit war nicht sein Thema.

Mein Bild macht es anschaulich:

Gott hat uns beide gesehen in unserer Not. ER hat uns wahrgenommen. Nun müssen wir nicht mehr nach dem liebenden Blick eines Gegenübers Ausschau halten!

„Der das Ohr gepflanzt hat, sollte der nicht hören?
Der das Auge gemacht hat, sollte der nicht sehen?“
(B. 94,9)

VII. Der Weg aus dem Schatten

Leben im Schatten

Ein langer Entwicklungsprozess liegt hinter mir. Wo befinde ich mich heute? Ich habe im Schatten gelebt, in den entstellenden Rollen, in denen ich in meiner Bedürftigkeit nicht gesehen wurde. Ich wurde in meinen Funktionen wahrgenommen und benutzt zur Übernahme von Verantwortung und zum Dienst für andere. Meine Aufgabe in der Familie hieß: meine »heilige Pflicht« zu erfüllen. Gewehrt gegen diese Rollenverteilung habe ich mich nicht. Ich kannte nichts anderes als Arbeit. Niemand musste auf mich Rücksicht nehmen; die mich verstörenden Erlebnisse habe ich nicht erzählt; meine Trauer nicht ausgesprochen; von der Analyse schließlich hat die Familie nichts gewusst.

»Ich kann mir gar nicht mehr vorstellen, dass mich einer lieb hat!« sagte ich zu Robert und erlaubte ihm unbewusst mit diesem Appell an seine Liebe, auf meine Gefühle doch nicht einzugehen. Etwas von anderen für mich zu fordern, vermochte ich nicht.

Eine Stimme in mir sagte: »Du bist hässlich; du hast nichts zu sagen; auf dich kommt es nicht an. Wenn du beachtet werden willst, musst du dich anstrengen; du musst Leistungen bringen, sonst wirst du nicht geliebt.«

In Kompensation meiner Schwäche bin ich als »Elisabeth« aufgetreten und wurde für tüchtig und stark gehalten. In meiner Not habe ich mich als »graue Maus« verkrochen, fröhliche Gemeinschaft im Alltag ausgespart. Aus Angst vor dem Leben habe ich das Leben vermieden. Als »Bettlerin« habe ich dann auf Zuwendung gewartet. Und als armseliges »Fröschlein« schließlich habe ich vergeblich auf die Überwindung meiner Defizite durch die Liebe eines Mannes gehofft.

Ich habe im Schatten gelebt. Wie komme ich da hinaus?

»Das Märchen vom Riesen« (III, 4) von 1985 erzählt, wie ein ganz im Schatten liegendes Königreich, in dem alles Leben gestorben ist, gerettet wird durch die Arbeit der Ameisen. Die im Dunklen lebende Prinzessin ist auf sie aufmerksam geworden:

Es ist schwer, die Sprache der Ameisen zu lernen. Man braucht viel Zeit. Man muss sehr genau hinhören, so leise sprechen sie. Man kann sie nicht gut verstehen. Auch sind sie so fleißig, dass sie nur wenige Pausen machen. Und nur in den Pausen reden sie miteinander.
Viele Jahre lernte die Prinzessin die Sprache der Ameisen. Dann aber verstand sie, was sie sich erzählten. […]
»Ach, wenn wir an der Dunkelheit doch etwas ändern könnten!« Die Prinzessin staunte. »Das macht der Schatten des Riesen, der über unserem Land liegt,« sagte sie zu den Ameisen. »Er zerstört unser Leben.«
»Wo ist der Riese?« fragten sie. »Wir wollen ihn vertreiben!«
»Ich weiß es nicht,« sagte die Prinzessin. »Er liegt irgendwo an der Landesgrenze und schläft. Darum bleibt der Schatten unverändert.« […]
»Wir werden Kundschafter ausschicken zu allen Nachbarvölkern; und diese werden wieder Kundschafter ausschicken, bis wir den Riesen gefunden haben.«
Die Ameisen fanden den Riesen. Lang ausgestreckt lag er auf der Erde und schlief. Er merkte nichts von dem Besuch. Zuerst kamen ja auch nur die Kundschafter. Dann kamen die Arbeiterinnen des ersten Volkes. Zu ihnen kamen die des zweiten Volkes. Bald trafen hunderte von Völkern ein. Tausende und abertausende von Ameisen umkreisten den schlafenden Riesen. Die Königinnen berieten sich. Sie kamen zu dem Beschluss: »Wir müssen den Riesen eingraben.«
Eine Ameise kann immer nur ein Sandkorn zur Zeit schleppen. Tausend Ameisen schleppen zur Zeit tausend Sandkörner. Eine Million Ameisen schleppen zur Zeit …
Na, also! Das war der Weg.

Eine mühevolle, kleinschrittige Arbeit wird hier beschrieben. Es geschieht kein Wunder zur Überwindung des Schattens; es wird gearbeitet. Das Hindernis wird aus dem Weg geschafft. Und irgendwann versinkt der Riese in der Erde. Ich erkenne: Irgendwann wird der Vater begraben. Irgendwann löst sich die »kleine« Prinzessin aus der ödipalen Fixierung und ist frei.

Ich lese mein »Märchen vom Bettelkönig« (III, 6) von 1989 und wundere mich, dass die Prinzessin nach der unendlichen Mühe, das verfallene und verwahrloste Schloss wieder bewohnbar zu machen, den alten Bettelkönig heiraten will; dass sein depressives und passives Verhalten sie nicht abgestoßen hat und sie sich nicht von ihm abwendet. Eine Neufassung des Schlusses entsteht 1991.

»Mädchen,« sagte er [...] »du hast mich erlöst. Alles, was ich habe, gehört dir. Sei du meine Tochter.« [...] »Ich habe alle Prinzen der Umgebung eingeladen. [...] Den aber, den du dir aussuchst, den will ich mit dir vermählen. Ich schenke euch mein Schloss und mein Reich.«

Nun werden die Verhältnisse richtig zurechtgerückt. Der alte Vater blockiert nicht mehr die Zukunft der Tochter. Sie löst sich von ihm und wird einen Prinzen ihrer eigenen Generation heiraten.

Suche nach einer neuen Identität

Wie sieht der nächste Schritt, das Leben wiederzugewinnen, aus?

Aus meinen Märchen treten mir in diesem Zusammenhang zwei Motive entgegen: der Kleidertausch und das Wiederfinden des verlorenen Lachens.

Mir fällt auf, dass das Bettelmotiv dort fast immer mit dem vom Kleidertausch verbunden ist. Die Bettlerin wird geradezu aufgefordert, die Kleider zu wechseln.

»Es wird Zeit, dass du dein Bettelgewand ablegst, deine Patin möchte es so.«
Die Fremde blieb still. [...]
»Was soll ich tun?« fragte sie dann.
»Suche dir das Kleid aus, das zu dir gehört,« sagte die Alte.
»Alle Schränke stehen für dich offen.«

»Am schwarzen See« (1988) hat die Bettlerin die Möglichkeit sich umzuziehen. Aber sie tauscht nur das alte Gewand gegen eine neue Verkleidung ein, die Sachen des Gärtners. Erst später im Gegenüber des Königs wird der Kleidertausch endgültig vorgenommen. Er schenkt ihr, was sie zur Königin macht.

In der zweiten »Geschichte der Bettlerin« (IV, 6) empfängt sie ihr neues Gewand ebenfalls vom Schlossherrn, und zwar für die Arbeit, die sie in seinem Schloss verrichtet hat.

Diese Märchen umkreisen das Suchen nach der Identität. Noch möchte die »Bettlerin« vom Mann gefunden, von ihm beschenkt werden. Und das Geschenk wiederum bezieht sich auf eine vorhergebrachte Leistung für ihn.

Noch suche ich meine Identität im Gegenüber des Mannes; bei ihm möchte ich erfahren, wer ich bin.

»Die Geschichte vom buckligen Franz« (V, 6) von 1985 erzählt von einer kleinen Prinzessin, die krank ist. »Das Königskind konnte nicht mehr lachen – das war alles.« Als sie belauscht wird, erfährt der Leser den Grund der Krankheit:

Ja, da sahen sie das kleine Mädchen im hell erleuchteten Zimmer. Es hatte das Gesicht in die Hände gestützt und blickte auf eine weiße Marmorstatue, die in halber Menschengröße im Raum stand. Es war ein Venusbild von makelloser Schönheit. Plötzlich sagte die Statue:
»Sieh mich an, Prinzessin, so ergeht es den Liebenden. Viele haben mich bewundert; viele habe ich geliebt. Aber am Ende bin ich nichts als eine Statue, versteinert, kalt und weiß. Das wird auch dein Schicksal. Darum hüte dich vor der Liebe!« Da sagte die Prinzessin: »Ich habe einen lieb« und weinte.

Franz tritt als Zauberer und Clown der Prinzessin entgegen; und nach seinen drei Besuchen hat sie ihr Lachen wieder gefunden. Was hat er gemacht?

Er hat sie verwirrt in ihrer Trauer; sie dann abgelenkt von der Fixierung auf die unglückliche Liebesgeschichte und sie aufmerksam gemacht auf die Kunststücke seiner drei Katzen. Sie führen ihr ein ganz neues Dasein vor: Sie sind eitel, putzsüchtig, an Wirkung orientiert. Sie träumen davon, schön zu sein:

»Ach,« sagte die erste Katze, »ich träume von einem Paar roten Schuhen!«
»Und ich von einem Sonnenschirm!« sagte die zweite. »Ein Spiegel ist das Schönste, das ich mir denken kann!« sagte die dritte mit einem Seufzer.

Später wünschen sie sich, dass ihre Schönheit auch wahrgenommen wird:

Alle drei wollten in einem königlichen Schloss wohnen. Die Besitzerin der roten Schuhe wünschte sich ein Zimmer mit Marmorfußboden. Sie wollte tanzen jeden Tag.
Die Katze mit dem Sonnenschirm wollte im Garten jeden Tag spazierengehen und bat darum, alle Diener möchten sie grüßen. Sie wollte dann mit dem Kopf nicken unter ihrem Sonnenschirm. Das war der Traum ihres Lebens.
Das Kätzchen mit dem Spiegel wünschte sich die Ohrringe. Ohrringe zu haben, war das Schönste, was sie sich denken konnte. In den Spiegel zu schauen und sie blitzen zu sehen, würde eine lebenslange Lust werden.

Die Kranke wird erinnert an ihr hübsches Aussehen, ihre schönen Kleider, an ein vergnügtes Leben in der Extraversion. Das Märchen zeigt, wie das Leben wiedergewonnen werden kann.

Im Frühjahr 1991, nachdem die »Eule« mir die Augen für meine Situation öffnete (vgl. VI), male ich einen mächtigen Turm, der bis zu den Wolken reicht und dessen einst festgefügte Mauern dabei sind, in sich zusammenzubrechen. Ein starker Baum steht mitten im Turm; er dehnt sich aus; und seine Äste pressen von innen so gegen das Mauerwerk, dass es anfängt zu wanken und bricht. (Abb. 43, S. 155)

Der »Höllenbaum«, denke ich zuerst. Aber mir fällt auf, dass keine Hölle mehr um ihn ist. Bald wird er frei stehen. Seine Kraft reicht, die Mauern ganz zum Einsturz zu bringen. Er wird die ihn eingrenzenden Widerstände überwinden; herauskommen aus der Enge, dem Dunklen, dem Schatten. Der Baum wird leben.

Ich sehe: Die Mauern müssen von innen eingerissen werden, nicht von außen. Was heißt das?

Ich darf mich nicht länger zurückziehen, einschließen, sondern muss heraustreten aus meiner Isolation. Ich muss für mich Lebensraum beanspruchen und ihn mir schaffen.

Ich muss lernen, dass ich ein Recht habe, da zu sein; es wage, meine Bedürfnisse zu artikulieren, meine Not und Schwächen anderen zuzumuten.

Ich muss es fertig bringen, meine negativen Gefühle auszusprechen;

Wut und Enttäuschung dem mitzuteilen, der sie auslöst.

Ein neues Selbstbewusstsein entsteht.

Da male ich ein zorniges Bild: Eulenspiegel wirft den Leuten, die vorher über ihn gelacht haben, ihre Schuhe vor die Füße; sie müssen sie nun mühselig auseinander sortieren. Mir fällt die Umkehr des Bildes von der grauen Maus auf, die auf dem Seil spazierte, um gesehen zu werden, und doch nur verspottet wurde.

Nun ist das böse Lachen aufseiten Eulenspiegels: Ich pfeife auf euch! Eure Schuhe, nämlich euren Standpunkt, will ich nicht haben! Ich habe einen eigenen! Ich bin auch wer!

Ich bin aus dem Schatten hinausgetreten. Die »graue Maus« ist nun nicht mehr da. Eulenspiegels zornige Rede wird nicht das letzte Wort sein.

Am Ende dieser Selbstfindung steht das Vergeben.

Der »bucklige Franz« in dem o. g. Märchen ist in seiner Liebe verlacht und alleingelassen worden; er wird nicht verbittert; er wird einfältig. Er braucht für sich nichts mehr. Er wird ein kluger Arzt. In seiner Nähe wird das Lachen wieder gefunden. Er ist weise. Und am Ende wird er zum Ratgeber des Königs.

Im »Märchen von der Armut« (I, 4) wird schließlich dargestellt, was aus dem Vergeben entstehen kann. Fortgetrieben von den Reichen und von ihrem Steinwurf verletzt, denkt die »Königin der Armut«:

»So lass ihnen das Glück, lass ihnen das duftende Brot, die warmen Mäntel.«

Sie geht zurück in ihre »Staubstadt« und nimmt den Stein, der sie verwundete, in ihre Hände.

Als sie genauer hinschaute, erkannte sie, dass sich der graue, rissige Stein verwandelt hatte zu einer Frucht, braun glänzend wie eine Kastanie. »In dir ist ein Baum verborgen,« sagte die Königin. Und sie grub den kostbaren Samen in das trockene Erdreich. »Ohne Wasser wird er wachsen, aber er wird uns das Wasser bringen,« wusste sie.
Und das Wunder geschah! Ein Baum wuchs aus dem gelben Sand.
Er wuchs und wuchs, dass man zusehen konnte, wie er größer wurde. Sein Stamm wurde höher, sein Wipfel mächtiger, breite Blätter spannten sich aus. Bald überschattete die wunderbare Baumkrone die ganze Stadt. Die Menschen waren still aus den Häusern getreten, das Wunder anzuschauen. Sie erkannten einander in dem sanften Licht, das durch das Blätterdach fiel. Sie sahen Sonnenstrahlen und Schatten und in ihnen die grünen und braunen und gelben Farben des Baums und der Erde. Der Duft großer Blüten drang bis in die Erdlöcher. Braune Früchte bildeten sich an den Zweigen, und als sie aufsprangen, fiel sanft ein Regen in die Stadt hinein. Kleine Blumen blühten auf mitten im Sand.
Getreide wird in der Wüste wachsen. Das Wasser der Oase wird nicht mehr versiegen. Und die Menschen dort werden singen, wenn sie miteinander in ihren Gärten Körbe mit saftigen Früchten füllen.

14.2.91

VIII. Hans im Glück, der wahre Freund

Als ich im Durchdenken meiner Geschichte soweit gekommen bin, treffe ich den Clown wieder an, der die krankmachenden Gestalten meines Lebens ins Bild brachte und mich dadurch auf die Stationen meines vor mir liegenden Weges hinwies. Er ist zu Hause angekommen.

Er ist bei sich. Sein Haus steht in einem bunten Blumengarten mitten im Wald. Tiere haben dort ihren Platz; Kinder spielen vergnügt bei ihm. Sie staunen über sein Kunststück: Mit bunten Bällen wirft er einen Kreis um sich herum. Er ist mitten im Kreis, in einer Ganzheit. Im nächsten Bild hat er sein Kostüm abgelegt; er hat Feierabend und ruht sich aus. Die Waldvögel singen: sonntägliche Ruhe ist eingekehrt.

Der Clown lebt nun aus der Fülle; er tritt nicht mehr aus dem Defizit an andere Menschen heran. Er fühlt sich wohl. Seine Welt ist einfach, heiter und in Ordnung. Nun tritt der Clown ab. War er die Maske, in der ich draußen auftrat, meine Persona, das Bild, das ich in der Öffentlichkeit zeigte? Wer wird nun für mich sichtbar werden nach seinem Rückzug?

Aus den vielen Gestalten, in denen das Männliche mir begegnet ist, tritt bald eine neue hervor: der Taugenichts (9/1991). Ich denke an Eichendorffs Novelle, als ich ihn male. Er ist ein liebenswerter Jüngling, hat ein heiteres Herz; fröhlich und im Vertrauen auf Gott geht er in die Welt hinein, in der er sein Glück findet. Er ist mit sich und der Welt im Einklang, ein Sonntagskind. Das »Märchen vom Taugenichts« (III, 8/1991) erzählt nun die mühsame Erlösung einer Prinzessin aus der Macht des Vaters. Der Ton der Erzählung ist heiter; der Leser weiß, die Erlösung wird gelingen. Der Taugenichts, ein fauler Bauernjunge, lässt sich auf den Rat eines guten Alten ein, der ihm helfen will, sein Glück zu finden.

»Du musst ein König werden!« sagte der Alte, »dann kannst du auch um des Königs Tochter werben. Einem König wird er sie zur Frau geben.«

Drei Jahre versucht er, dem Rat zu folgen. Schließlich teilt er ihm seine Erfahrung mit:

»Nun,« fragte ihn der Alte, »bist du ein guter König geworden, kannst du regieren, Geld anhäufen, Kriege führen?«

Hans wurde über und über rot.
»Hilf mir, Herr,« sagte er leise, »ein Goldschmied bin ich, ein Märchenerzähler, ein Musikant und Sänger. Ein König bin ich nicht. Aber meine Familie will ich wohl fröhlich durchs Leben bringen.«
»Du bist der wahre König, mein Sohn,« sagte der Alte, »und dein Glück will ich machen!« Er umarmte ihn.
»Ich will dich ausrüsten, dass du um die Prinzessin werben kannst.«

In der Gestalt des Taugenichts tritt deutlich ein kreatives Element ins Bild; er ist der Märchenerzähler, der wie der Spielmann (V, 2) und der Maler (V, 3) die gefangene Prinzessin befreien kann.

Er ist das Gegenbild zu Blaubart: flüchtet das Mädchen in Panik vor dessen blutigem Messer auf die höchste Turmspitze, so stehen nun beide, Taugenichts und Prinzessin, zusammen auf dem Turm und lassen goldene Federn über das Land fliegen.

Wenn ich den Taugenichts in seiner Gelöstheit betrachte, so fällt mir »Hans im Glück« in der Grimmschen Fassung ein, nachdem er die Schleifsteine fortgeworfen hat und, aller Lasten frei, eine Pause macht, bevor er sich auf den Weg nach Hause – seine letzte Lebensstrecke – macht. Er ist »im Glück«.

Was heißt das? Hans hat einen weiten Weg hinter sich. Er ist übervorteilt und in seiner Arglosigkeit ausgenutzt worden; hinter seinem Rücken wurde er verlacht. Doch er ließ die Betrüger laufen und über die Mängel seines Besitzes ärgerte er sich nicht. Hans weiß, dass die Welt einen Schatten hat; er erschrickt nicht, wenn der Schatten zu Tage tritt; er hat ihn längst akzeptiert.

Er kann das Böse so selbstverständlich annehmen wie das Gute. Er bejaht den ganzen Menschen und ist einverstanden mit dem So-Sein der Welt. Hans hortet sein Gold nicht; er gibt es aus im Laufe seines Lebens und hat am Ende nichts mehr davon. Er braucht es auch nicht, weil er alles hat, um glücklich zu sein. Er lebt aus der Mitte seines Herzens. Er ist mit sich und der Welt im Gleichgewicht. Er ist »im Glück«.

Auf einmal gelingt mir ein Jahr nach dem Taugenichts-Bild, nach einer Phase des Tastens und Suchens eine Bilderserie zum Thema: Hans im Glück. Ich male seinen Aufbruch: Mit deutlichen Worten wendet er sich von den Leuten ab, die ihn betrogen haben, und er geht singend seinen Weg. (Abb. 44, S. 159)

Ihr könnt mir alle mal gestohlen bleiben!
Geh aus, mein Herz, und suche Freud ... an deines Gottes Gaben.
Hans im Glück
1992

Da begegnet ihm ein Mädchen, und er fordert es auf – wie in meiner gleichnamigen älteren Geschichte (V, 7/1986) – sich von ihm tragen zu lassen: »Ich bin ein ausgebildeter Lastenträger; ich kann dich gut tragen; und Platz ist oben auf der Kiste genug.«

Beide machen einen vergnügten Eindruck. Ich werde beim Betrachten des Bildes nachdenklich. Nun sehe ich es: Hans im Glück ist mein wahrer Freund. Er schleppt mich durchs Leben. (Abb. 45, S. 163) Mein Glück, meine Lebenskraft habe ich immer von ihm genommen. Seine Fantasie und Kreativität, sein Gottvertrauen, sein Ja zum Leben und zur Erde haben mein Leben mit Freude erfüllt. Das Glück meines Lebens ist das, was Hans herstellt. Wie ausgefüllt bin ich beim Malen und Schreiben! Ihm kann ich mich auf meinem Weg ins Unbewusste anvertrauen. Er ist der kreative, der positive Animus.

Aber: Was bin ich ohne ihn?

Eine neue Frage taucht auf: Was bin ich aus mir selbst?

Da male ich ein junges Mädchen, das aus einem Schneckenhaus herauskommt und sich an einer Hand festhält, die sich ihm aus den Wolken entgegenstreckt (Abb. 46, S. 165).

Das Mädchen hat einen Himmel und in seinem Gehäuse eine eigene Welt. Aber wo befindet es sich? Was ist rechts und links neben ihm? Ich sehe nur einen leeren Raum. Es hat keinen Ort außen, nur eine Hoffnung aus Kindertagen:

Der Wolken, Luft und Winden
gibt Wege, Lauf und Bahn,
der wird auch Wege finden,
da dein Fuß gehen kann.[15]

Ich merke: Erst jetzt wird das vierte Problem zur Sprache gebracht, das der erste Clown (vgl. Kap. II) aufzeigte: Er hatte keinen Standort; berührte die Erde nur mit der Zehenspitze, schwebte im nächsten Bild auf einer Träne.

Nun wird die Frage gestellt:

Wo ist dein Ort? Was ist neben dir?

Lebe wohl, Ade !
Wohl auf in Gottes schöne Welt
1992

„Befiehl du deine Wege
und was dein Herz kränkt
der allertreusten Pflege
des, der den Himmel
lenkt.

Der Wolken, Luft und Winden
gibt Wege, Lauf und Bahn,
der wird auch Wege finden,
da dein Fuß gehen kann.“
(P. Gerhardt)

IX. Der Weg auf die Erde

Ja, wo bin ich?

Immer noch befinde ich mich irgendwo innen mitten in den Bildern des Unbewussten und irgendwo oben in einer Wohnung über den Dächern mit einem wunderbaren Blick in die Baumwipfel hinein. Das Leben der Vögel habe ich dort in den 24 Jahren, die ich in der vierten Etage wohnte, beobachtet und kennen gelernt; das Leben der Nachbarn blieb mir fremd.

Im Zusammenhang mit dieser Frage fällt mir nun mein erstes Märchen vom Beginn meiner Analyse wieder ein: Das Hundeschloss (V, 2/1981). Es erzählt von der Flucht eines unglücklichen Liebespaares nach einem alles zerstörenden Waldbrand. Der Hundekönig flieht als ein körperloses Wesen in die Höhe; die Prinzessin versteckt sich als graue Maus in ihrem Mauseloch. Sie erzählt:

> *»Der Brand hat unser Leben verändert. [...] Hier ist damals alles vernichtet worden. Alle Bewohner des Schlosses sind verbrannt. Nur der König selbst flüchtete in die Luft, und er lebt nun am Tag ungesehen hier im Wald, irgendwo in der Höhe. [...]*
> *Als der Brand kam, bin auch ich geflüchtet, nur bin ich vor dem Feuer und vor dem König geflohen, da blieb nur ein Weg: Ich fand mich verwandelt zu einer kleinen, grauen Maus und schlüpfte in ein Loch unter die Erde. Dort bin ich nun am Tag, unsichtbar für alle, grau wie der Staub.«*

Zwei Fluchtwege werden hier ins Bild gebracht, der nach oben und der nach innen; d. h. in meiner Realität: der in die Dachwohnung, den geistigen Raum, und der in die Introversion, der mich unauffindbar für andere machte.

Nun muss ich diese beiden Wege zurückgehen. Oder, um im Bild zu sprechen, der Clown muss seinen Standort verändern und mit beiden Füßen auf die Erde kommen. Darum beschäftigt mich auf einmal das Motiv des Aufbruchs. Mein gleichnamiges Märchen (II, 6/1992) erzählt:

Es war einmal ein Kind in einem Haus am Ende eines Dorfes, das sah hinaus in den Garten, und es sah nichts als Schnee. Im Haus war es kalt; Holz und Kohlen waren aufgebraucht. Nun stand es in der Tür; klar war der Tag und frostig; und sein Blick glitt hinaus über die Schneefelder in eine weiße, diffuse Weite. »Ich gehe nun fort« sagte es zu sich. »Denn hier ist niemand außer mir.«

In seiner ausweglosen Ausgangssituation wagt es dennoch den Aufbruch. Aber es geht nur immer tiefer in die Schneewehen und den Winterwald hinein. Dennoch überlebt es. Denn drei nichtige Geschenke, die es unterwegs einsammelt, Zeugen seiner Einsamkeit, erweisen sich als lebensrettend. Sie verwandeln sich in eine Unterkunft, in Wärme und Geborgenheit und geben damit neu hinzukommenden Gestalten von außen die Möglichkeit, ihren hilfreichen Einfluss auszuüben.

Nach einer weiten Wanderung und vielen Jahren des Unterwegsseins kommt die Frau, die als Kind losging, in einer Stadt an, wo sie ihr eigenes Haus und Kontakt zu anderen Menschen findet.

Gleichzeitig entsteht eine Reihe von Bildern, die ich »Der Aufbruch« nenne: Vor mir sehe ich ein junges Mädchen in einem roten Kleid, das unter einem riesigen grauen Mantel hervorkriecht. In der Ferne kann man erkennen, das er zu einer bösen alten Frau gehört. Verschwindet sie aus dem Horizont, weiß das Mädchen nicht mehr, wo es sich befindet. Es sitzt auf einem Grabstein; ringsherum ist nichts als ein graues Tuch. Es hält dieses Tuch in seinen Händen. Nun beginnt das Mädchen zu ziehen: Zieht es das Tuch von der Landschaft ab? Zieht es nicht an einem Netz, immer mehr mit ganzer Kraft? Warum ist das Fischernetz so schwer? Was holt es aus der Tiefe? Ist es ein goldener Fisch? Da kommt ja eine goldene Kugel empor, vielleicht die Sonne; und das Netz ist farbig geworden, blau und goldgelb. Hat sich die große Anstrengung gelohnt, hat der Kampf mit der Depression die Schätze der Tiefe freigegeben (Abb. 47-50, S. 169-175)?

Doch halt!

Das Bild verwandelt sich wieder; das Unbewusste will mir weitere Zusammenhänge aufzeigen; es weiß, warum das Kind auf dem Grabstein in eine leere Welt schaute. Das wunderbare Netz ist nun zur Träne geworden, in der ein geheimnisvoller Wald erscheint. Was aber ist außen? (Abb. 51, S. 177)

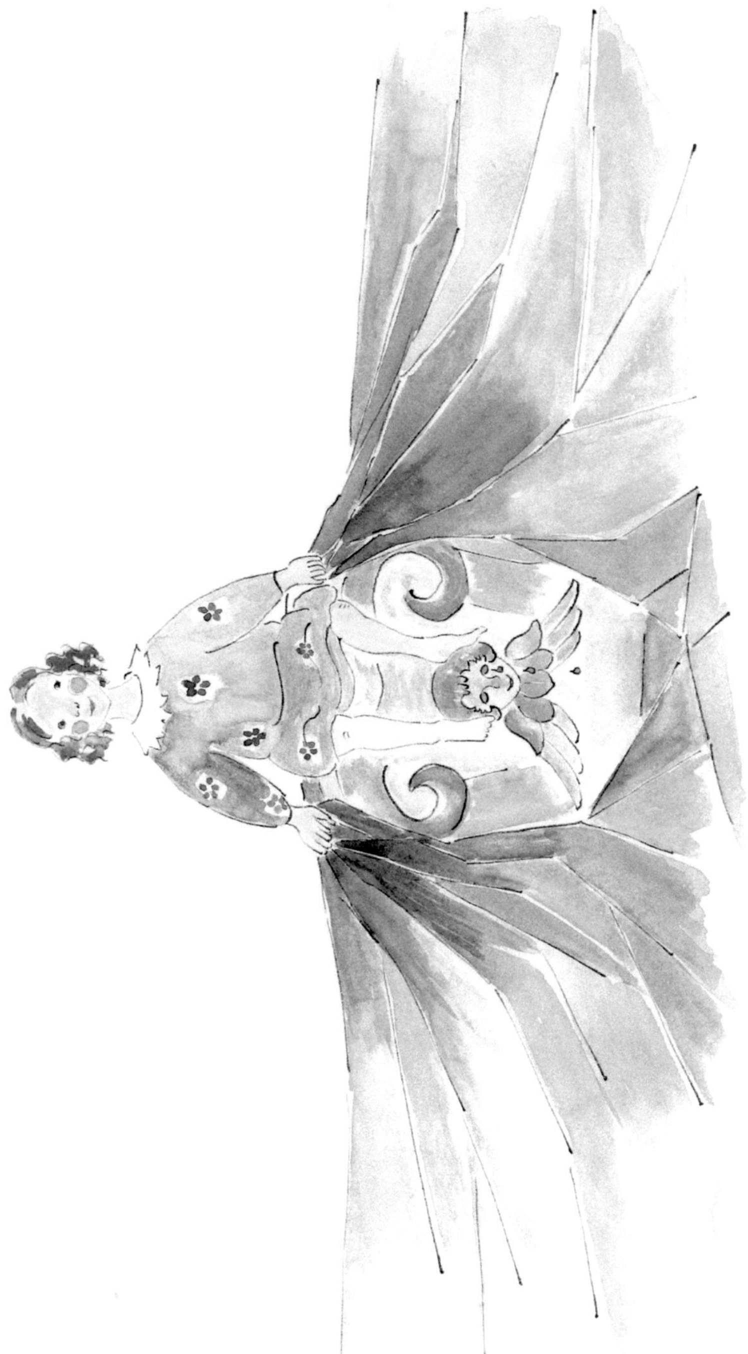

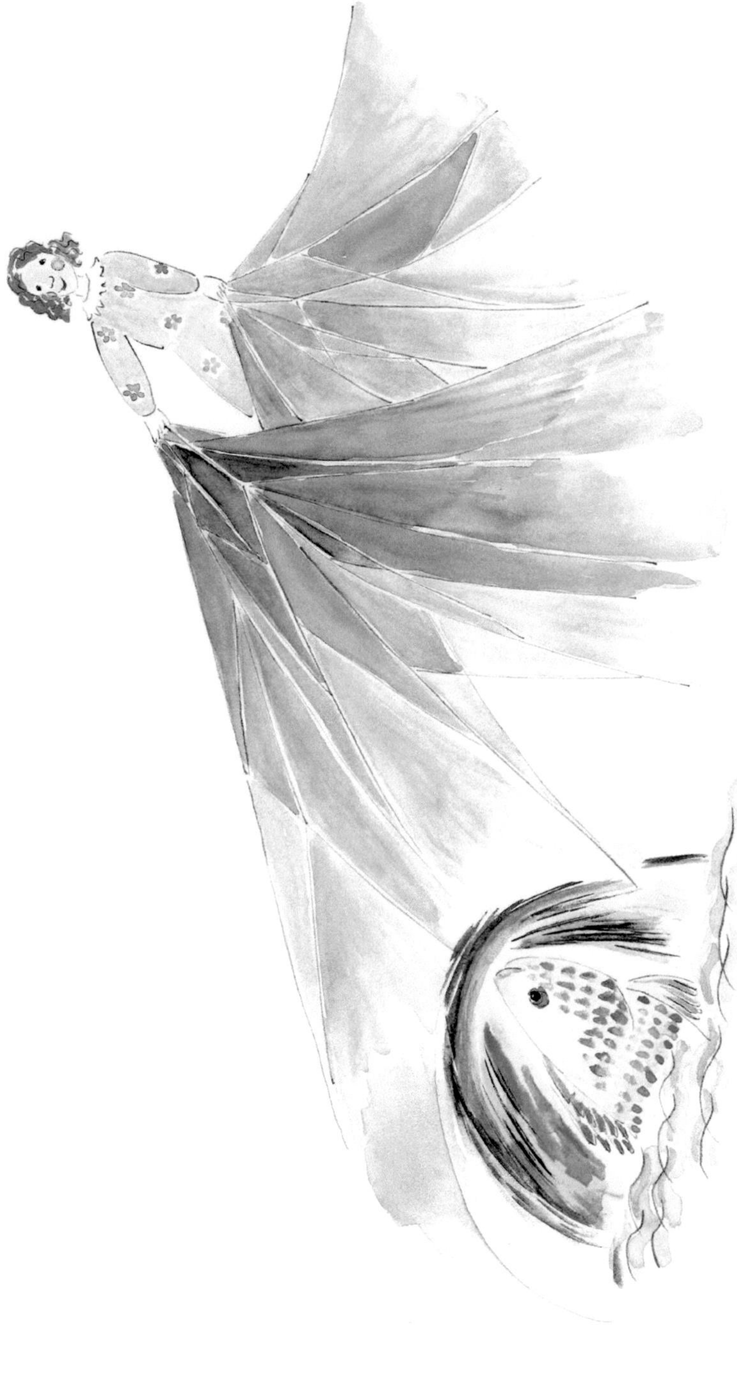

die Dicke
die Dicke!
du mit deinem komischen Wesen! komischen Wesen.
mit deinem komischen Wesen!
du doch nicht!
du doch nicht!!
du doch nicht!

Beim Malen höre ich plötzlich einen schrecklichen Lärm: Draußen ist Gespött und Geschrei. Ich bin wieder das Kind, das sich die Ohren zuhält und all die Kränkungen doch nicht aus seinem Leben fern halten kann: »Du doch nicht!«, »Du Dicke!«, »Du mit deinem komischen Wesen!« Da prasseln Sätze wie Steine auf das Kind herab – und es verschwindet in seinem Schneckenhaus für Jahrzehnte bis auf den heutigen Tag (Abb. 52, S. 179).

Meine lebenslange Introversion erscheint mir auf einmal verständlich. Ich bin geflohen vor verachtenden und diffamierenden Bemerkungen; man konnte mir mein Unglücklichsein ansehen, Kummerspeck schleppte ich mit mir herum. Ich erlebte mich nicht als angenommen und geschützt, nur als ausgelacht, bloßgestellt und isoliert. Darum zog ich mich zurück, machte mich unverwundbar. Den Empfindungsbereich grenzte ich in meinem Leben aus und entdeckte die innere Welt der Träume und eigenen Geschichten.

Aber eine Sehnsucht blieb. Das Eulenmärchen (VI, 4/1991/92) beginnt:

Die Eule hatte von der Sonne geträumt. Da erwachte sie. Sie saß in ihrer dunklen Höhle und schaute sich um. »Wovon habe ich geträumt?« fragte sie sich, »was war das große Goldene? Es hat mich angelacht.« »Wo lebe ich hier?« dachte sie nach einer Weile, »alles ist dunkel; und wenn ich wach bin, schlafen alle anderen Tiere. Immer bin ich allein.«

Diese Geschichte erzählt von der Sehnsucht der Eule, die Sonne zu finden, von ihrer Mühe, sie zu suchen, und ihrem Glück, als sie sie sieht. Ihr wird nun ein Wunsch erfüllt.

»Und du?« fragte die Sonne, »was wünschst denn du dir von mir, die du so nach mir gesucht hast?«
»Schenke mir Augen, die am Tage sehen,« sagte die Eule, »dass ich immer mit dir reden kann.«
»Die sollst du haben,« sagte die Sonne, »und dann will ich dich ausrüsten für das Leben am Tage.«
Sie schenkte ihr die großen gelben Augen und das goldgetupfte Federkleid.
So kommt es, dass die Eule, die das Dunkel des Waldes kennt und die verborgenen Stimmen der Nacht, nun auch in den hellen, lauten Tag hineinfliegt in den Umkreis der Menschen; und sie fürchtet sich nicht mehr vor Lärm und Licht.

Die Eule ist das Wesen, das im Dunklen sieht, d. h., das sich im Unbewussten auskennt, das mit den Gestalten der Innenwelt lebt und gelebt hat. Diese Geschichte erzählt mir nun, dass auch die Tagwelt in meinem Leben wieder angegliedert wird. Die Sonne ist die Instanz, die Licht, Wärme und Leben schenkt und die sich von mir finden ließ. Nun rüstet sie den Außenseiter so aus, dass er draußen gut zurechtkommt.

Wer in den Fernen der Landschaften des Unbewussten war, macht sich nicht unbeschenkt auf den Heimweg.

Der König, der das Kraut gegen die Blindheit suchte, der es wagte, sich deshalb zur Höhle des Teufels zu begeben und sich dessen tödlichem Spiel auszusetzen, gewinnt – aus einer Laune des Teufels heraus – von ihm ein goldenes Haar.

> *Was es für eine Bewandtnis mit dem goldenen Haar hatte, merkte der König erst nach einiger Zeit: Immer wenn er müde wurde beim Regieren, wenn ihn der Kampf gegen Armut und Blindheit erschöpfte, ging er in seine Schatzkammer zum Nachdenken. Dann leuchtete das Haar des Teufels in der Dunkelheit, und er erinnerte sich, dass er es einmal gewagt hatte, den Teufel selbst aus seiner Höhle zu rufen und ihm abzuringen, was er brauchte. Das war wichtig: Schon einmal hatte er das Unmögliche versucht, und er hatte nicht verloren. (VI, 5/1992)*

Ein anderes Geschenk findet die Frau, die nach lebenslangen Mühen das Ziel ihres Suchens, das Paradies, erreicht. Das Tor ist geöffnet, das Paradies aber verlassen, weil Gott zu den Menschen gegangen ist. Sie nimmt zur Erinnerung ein Fetzchen von dem Goldblech mit, das, vom Tor des Paradieses abgelöst, am Boden lag. Später, wieder zu Hause lebt sie wie alle anderen. Nun bejaht sie ihre Situation, ihr alltägliches Leben.

> *Wenn es regnete, schimmerte doch das Goldflöckchen in ihrer Wohnung, und sie sagte: »Gemütlich ist es zu Hause, ich will mir Gäste einladen!« Wenn aber die Sonne schien, glänzte es hell, und sie vernahm den Ruf: »Auf, auf, suche draußen dein Glück!« (VIII, 6/1992)*

Introversion ist heute nicht mehr meine einzige Lebensmöglichkeit. Der Weg von innen nach außen ist offen, ist unverstellt. Ich beginne die Außenwelt wieder zu entdecken. Ich bin auch von oben nach unten gekommen. Ich bin umgezogen. Ein Jahr lang habe ich die richtige Wohnung gesucht. Ich möchte aus der Wohnung in einen Garten gehen können, ich möchte Boden unter den Füßen fühlen. Nun habe ich eine obere und eine untere Etage: In die obere komme ich direkt von außen durch meine rote Hautür. Von meinem Schreibtisch aus schaue ich in die Baumwipfel junger Linden; und ich denke, alle Vögel meiner alten Umgebung sind mit umgezogen, ich vermisse keinen, die Tauben sind wieder da und die Amseln, alle Meisen, Finken und Rotkehlchen. Und selbst der Zaunkönig lässt sich im Winter füttern. Trete ich unten aus der Wohnung hinaus, bin ich – hinter Holunderbüschen und Heckenrosen versteckt – in meinem Terrassengarten, der sich in ein Blumen- und Vögelparadies verwandelt hat.

Ich bin auf der Erde angekommen.

X. Der Clown zeigt sein Gesicht: das Ich

Die vier Orientierungs-Funktionen

Immer wieder träume ich, dass ich meinen Ausweis verloren habe; vergeblich meine Kennkarte suche; dass ich Theaterspielen will, aber meine Rolle nicht mehr kenne. Ich bin auf der Suche nach einer neuen Identität.

In einigen Geschichten taucht das Motiv vom neuen Kleid auf, das eine neue Befindlichkeit ins Bild bringt. So im schon erwähnten Märchen »Der Aufbruch« (siehe Kap. IX). Die junge Frau hat nach langer Wanderung ihr eigenes Haus betreten:

Als sie noch so stand und schaute, klopfte es an der Haustür. »Herein!« rief die Hausherrin. Da trat ein junger Mann ins Haus, blieb an der Tür stehen und sagte: »Eben komme ich heim, da sehe ich, welch ein wunderschönes Haus neben dem meinen steht. Ich bin Euer Nachbar, ich wollte mich Euch vorstellen!« Das Mädchen sah die freundlichen Augen, die braunen, lockigen Haare; und eine feine Röte stieg ihm ins Gesicht.
»Ach,« dachte es, »dass er mich in meinem alten, schlechten Kleid sieht, mit dieser abgenutzten Jacke, in den löchrigen Kinderschuhen! Wäre ich doch schön! Würde ich ihm doch gefallen!« Es fühlte die Röte bis unters Haar, und es wusste nichts zu sagen. Da kam der Besucher auf das Mädchen zu. »Wie schön du bist,« sagte er.
Nun sah es auch das Mädchen: Ein buntes Kleid hatte es an, und es war neu und so schön, wie es noch nie eines besessen hatte. Die Schuhe waren aus weichem Leder, sie waren rot und die Strümpfe weiß. »Das Geschenk der Alten,« dachte das Mädchen.« (II, 6)

Auch in »Der Aufbruch – oder: eine weitere Geschichte von Aschenputtel« (II, 7/1993) geht es um die Herstellung eines neuen Kleides.

»Warum läufst du in diesen grauen Lumpen herum? Hast du nichts Besseres anzuziehen?«
»Ich habe nur dieses Kleid,« sagte Aschenputtel, »ich trage es seit meiner Kindheit, darum passt es mir nicht mehr.«

»Hm, hm,« brummte die Alte, »warum hast du dir kein neues genäht?«
»Wovon?« fragte Aschenputtel. [...]
Von diesem Tag an begann die Waldfrau, in ihren Kisten und Kasten zu kramen. [...] Sie suchte etwas, trug auch Sachen herbei und begann zu nähen. [...]
Ihre Geschäftigkeit steckte auch das weiße Vöglein an. [...] Es flog in die Gärten der feinen Damen der Königstadt, manchmal auch in deren Gemächer, wo ihre Gewänder vor dem nächsten Tanzfest in der Sonne ausgebreitet lagen.
Es zupfte mal hier und zupfte mal dort und sammelte die köstlichen Stoffe, den wertvollen Zierrat. Seine Beute aber brachte es der Alten mitten im Wald, denn sie hatte angefangen, ein Kleid zu nähen aus den feinen Geweben, die sich noch in ihren Truhen befunden hatten, und aus den bunten und kostbaren Restchen, die Aschenputtels treuer Vogel aus den Tanzkleidern der schönen Mädchen vom Königshof zusammengetragen hatte. Ein wunderliches Kleid entstand unter den Händen der Alten.

In diesen und anderen Märchen (III, 3/1984) verhilft eine gute Alte der Suchenden zu einem neuen Kleid, d. h., zu einer ihrem Alter angemessenen Identität.

Kann ich nicht nur im Bild, sondern auch konkret sagen, wie diese Identität aussieht?

Einmal nehme ich beim Malen das Netzmotiv wieder auf. War es im letzten Jahr, hervorgegangen aus dem grauen erstickenden Tuch, ein Fischernetz, mit dem ich die Schätze der Tiefe heben konnte, so halte ich nun ein Gespinst aus Blumen und Vögeln in der Hand. Alles, was um mein Haus herum wächst und lebt, zeichne und schreibe ich ineinander und habe ein großes Vergnügen dabei. Denn diese Blumen und Sträucher habe ich gepflanzt; diese Vögel in den Frosttagen gefüttert. So laufen alle Fäden dieses verwandelten Netzes bei der Gärtnerin zusammen, die mitten im Garten steht. Sie ist glücklich und von Herzen fröhlich: Sie hat die Sonne im Bauch, wie das Bild zeigt. Sie hat ihren Ort gefunden. (Abb. 53, S. 187)

Nun sind alle vier Seiten meiner Person ins Bild getreten, die vier psychischen Grundfunktionen, wie sie C. G. Jung beschreibt: mein Empfinden tritt mir als Gärtnerin entgegen; meine Intuition, wie ich herausfand, als Hans

Holunder
Eichelhäher
Heckenrosen
Linden
Wein
Waldrebe
Kiefern
Pfingstrose
Hummel
Ahorn
Kletterrosen
Strauchrosen
Rhododendron
Duftrosen
Stockrosen
Amsel
Lavendel
Wicken
Ringeltauben
Fuchsien
Hornveilchen
Geranien
Lobelien
Stiefmütterchen
Akelei
Moossteinbrech
Schneespiere
Sonnenblume
Blut-
Deutzia
Rittersporn
Myrte
Dahlie
Storchenschnabel
Glockenblumen
Vergißmeinnicht
Salbei
Aurikeln
Duftveilchen
Pfefferminze
Zitronenmelisse
Märzbecher
Margeriten
Heckenbraunelle
Schneeglöckchen
Feuerlilie
Grünfink
Zinien
Kaiserkrone
Tigerlilie
Cosmea
Zaunkönig
Zilla
Kohlmeise
Blaumeise
Rotkehlchen
Buschwindröschen
Tausendschön

im Glück; Anna ist mir schon lange als meine emotionale Seite vertraut; und meine Rationalität kommt in meinem Beruf als Lehrerin zum Ausdruck.

Die Lehrerin habe ich nur einmal gemalt; sie war ja immer da, war tätig, gegenwärtig (Abb. 54, S. 191). Ihre Arbeit, ihr Fleiß (und Geldverdienen) machten es überhaupt erst möglich, dass die drei anderen Gestalten in mir aufgefunden wurden. Hans und Anna kenne ich auch schon lange; Anna trug die Schmerzen in mein Leben hinein, ihretwegen musste ich mich auf den langen Prozess der Individuation einlassen. Hans und Anna kennen sich auch: Er rettete sie aus der Gefangenschaft im Turm; er schleppte sie durchs Leben. Er ist ihr Erlöser. Sie haben beide Namen bekommen; sie sind mir wohl am nächsten. Die Gärtnerin ist als letzte ins Bild getreten. Sie ist fertig, so wie sie da steht. Die Lehrerin, sie und Hans befinden sich in ihrem Glücksraum.

Die Gärtnerin und Anna kennen sich noch nicht. Hier erschließen sich neue Möglichkeiten der Entwicklung. Die Gärtnerin soll sich Annas annehmen, d. h. anders ausgedrückt, mein Fühlen muss sich an der äußeren Wahrnehmung, eben am Empfinden orientieren, um gesund zu werden. Denn Anna geht es immer noch schlecht. Wo sie auftritt, ist sie ein junges Mädchen, allein und unglücklich. Sie muss an Reife gewinnen, zur Persönlichkeit werden.

Entwicklung im emotionalen Bereich

Da taucht sie in einer Bilderreihe wieder auf als das Bettelkind von einst (vgl. Kap. V). Es kauert in dunklen Kleidern und mit schwarzen Schuhen auf der Domtreppe, wo es jahrelang vergeblich auf Zuwendung wartete (Abb 55, S. 193).

Aber nun wird es in eine Veränderung einbezogen, die von einer Muttergestalt in der Höhe, der Sonnenmutter, ausgeht. Sie lässt einen grünen Schleier über die Kirchenfassade fallen, der im nächsten Bild deren Strukturen – Portal und Fensterrose – aufnimmt, dann zieht sie ihn zurück. So wird der Blick des staunenden Kindes frei von den Bildern, auf die es fixiert war. Schließlich bekommt es den Schleier geschenkt.

Ein rotes Band ist zwischen dem Kind und der Großen Mutter entstanden, wo einst eine Eisenkette sein Fortkommen verhinderte. (Abb. 56, S. 195; vgl. auch Kap. II)

34 Jahre und 4 Monate – danke!
Sie waren meine liebste Lehrerin. Karin L., 85
Bei Ihnen habe ich denken gelernt!
Eine Arbeit? Herrlich!! Eddy L. 82
Ich habe bei Ihnen mehr gelernt als in den vergangenen 2 Jahren! Ulrike M., 1986
Das ist mein bester Kurs!
Meine liebste Lehrerin!! Werner D. 86
Sie haben uns geprägt! Claudia S. 1985
Unter 1000 Bewerbungen angenommen! Das habe ich Ihnen zu verdanken! Daniel S. 1995

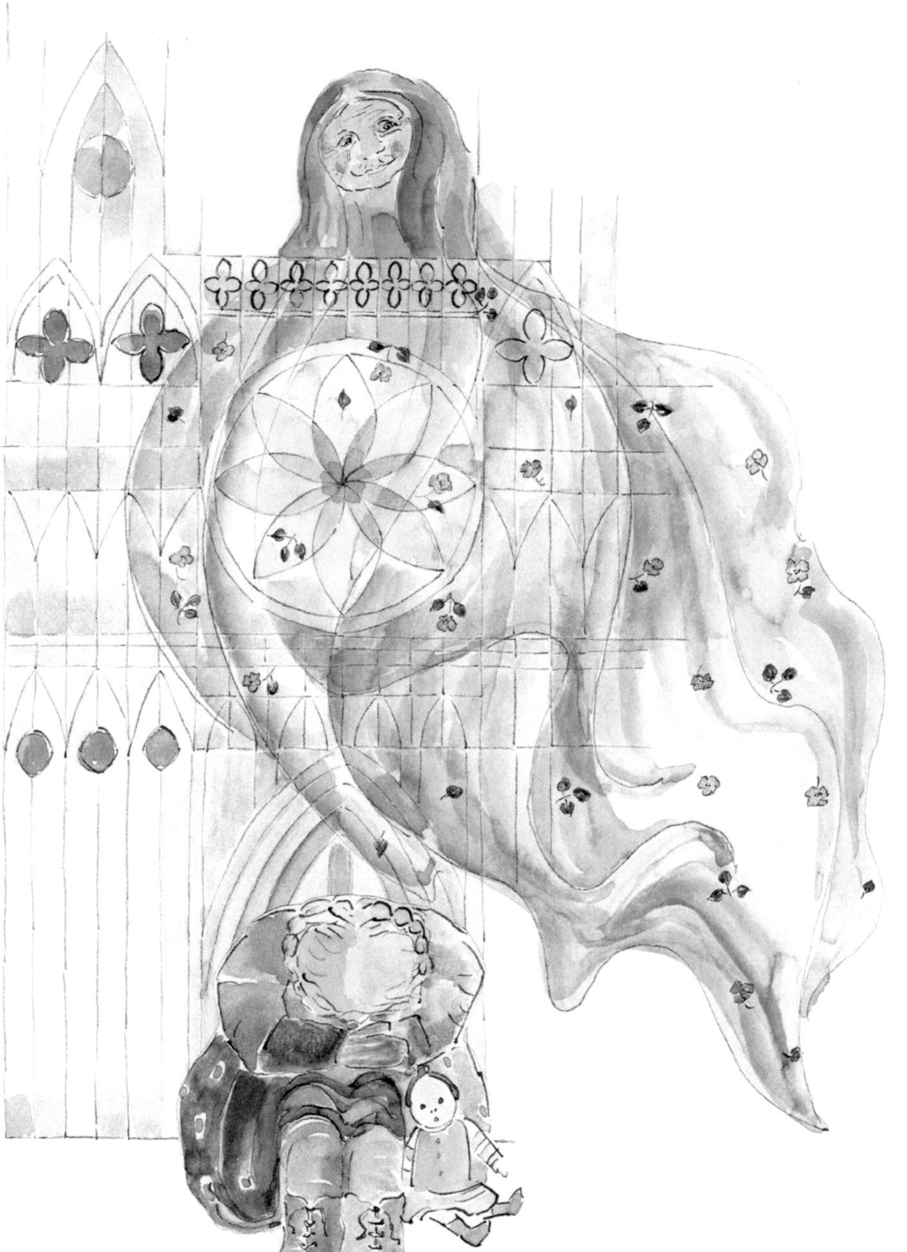

Ich verstehe das herabgleitende Tuch als das Geschenk der Großen Mutter; ihr Segen wird dem Kind zuteil. Er befreit den Blick für eine unverstellte Realität. Das Tuch als Projektionsfläche einer verdunkelten Weltsicht ließ sich trennen von den Gegenständen der Umwelt. Es machte aufmerksam auf den Unterschied zwischen der eigenen Sichtweise und den tatsächlichen Gegebenheiten, zwischen Projektion und Wirklichkeit. Es ist ein Segen, Projektion und Realität auseinander halten zu können.

Annas Lernprozess geht weiter.

Ich schreibe ein neues Märchen: Die Blumenzwiebel (VIII, 7/1994). Es erzählt, wie eine Tochter mit dem Erbe ihrer Mutter umgeht. Sie hat als Erinnerung nur eine wunderbare Blume aus dem Garten der Mutter begehrt; und diese wird zum Inbegriff ihres Glücks. Aber sie behütet ihre Blume nicht! Sie lässt sie sich stehlen, verschenkt sie zu leichtfertig.

Dass sie ihren Schatz aber immer wieder zurückbekommt, geschieht, weil die Blume zurückzukommen vermag. Sieben Häute umschließen die Zwiebel, und nach und nach muss sie aus sechsen ihrer Häute hinausschlüpfen, um aus der fremden Umgebung zu fliehen und heimzukommen. Schließlich hat sie nur noch eine, ihre letzte Haut, ist ungeschützt und wird umkommen, wenn das Mädchen sein Verhalten nicht ändert.

Durch den Verlust ihrer Häute ist die Blume aber durchsichtig geworden; das Mädchen kann in sie hineinsehen und entdeckt dort deren Seele in ihrem Palast. In ihr hat sie eine Freundin gewonnen. Nun lernt sie, mit den Augen der Freundin zu sehen. Sie beginnt, den Wert der Blume wahrzunehmen, und das heißt ja, ihre emotionale Kraft zu achten. Sie wird auf ein neues Thema verwiesen: Selbstwertgefühl.

Schon vor drei Jahren, als ich die versteinerte Kore malte, trat mir dieses Thema entgegen (vgl. Kap. VI): Anna verlor ihr Selbstwertgefühl in ihrer verzweifelten Bindung an Robert und erstarrte in ihrer Trauer.

In dem Märchen muss das Mädchen lernen, dass seine Liebe – und das heißt: es selbst – etwas wert ist. Es wird von der Freundin darauf aufmerksam gemacht, dass es sich erst einmal sich selbst zuwenden muss, dass es sein Haus und seinen Garten betreuen und zu einem Refugium ausbauen sollte. Anna wird ermuntert zu glauben, dass auch sie einen Platz im Leben einnehmen darf. Ist sie bei sich zuhause, werden sich Gäste einstellen, so erzählt das Märchen. Es endet mit der Verheißung des Geborgenseins bei sich selbst.

Nachdem Anna Haus und Garten wunderbar mit Leben erfüllt hat, heißt es am Schluss:

> *Was aber niemand wusste: Auf dem Dachboden des Hauses richtete sich die Sonne ein. Tagsüber schien sie in den Garten, und nachts blieb ihre Wärme in den Räumen, wenn sie sich unter ihrem großen schwarzen Umschlagtuch zum Schlafen legte.*

Es dauert nun fünf Jahre, bis mein Unbewusstes das Thema dieses letzten Märchens wieder aufgreift. Seitdem hat sich kein Bild mehr eingestellt. Doch plötzlich sehe ich in meiner Imagination eine kostbare goldene Schale, angefüllt mit brauner Erde und blühenden roten und gelben Tulpen. Ein Mädchen trägt sie in den Armen. Die Schale ist schnell gezeichnet und koloriert, nun skizziere ich das Mädchen dazu, ich will es farbig malen, aber es ist nur angedeutet und ganz grau. Rechts neben ihm erscheint eine große Brennnessel (Abb. 57, S. 199).

Da verstehe ich: Die Schale ist das Erbe der Eltern aus dem Märchen von der Blumenzwiebel. Das Bild zeigt mich als beschenkt: ich halte das Erbe der Eltern in der Hand, den Gewinn der Analyse; ich habe eine Basis gefunden, auf der ich leben kann. Aber unscheinbar und grau trete ich in Erscheinung. Das Unbewusste appelliert an mich, diesen Widerspruch zu sehen. Im emotionalen Bereich lasse ich immer noch die Geringschätzung meiner Person zu. Ich lasse mich verwunden von den Menschen, die mir am nächsten sind, und ich wehre mich nicht. So kann der andere gar nicht wissen, dass er mich verletzt, denn ich spiele ihm gegenüber immer noch die Unbetroffene. Ich bringe es nicht fertig, mich dem anderen zuzumuten, meine negativen Gefühle auszusprechen, einen Anspruch an den anderen zu formulieren. Doch nun leitet mich das Unbewusste an, einen Schritt zu mehr Selbstwertgefühl hin zu tun. Es macht mich auf den Wandlungsprozess in Grimms Märchen von der »Gänsehirtin am Brunnen« aufmerksam, die auch lernen muss, »die Gänse« zu hüten«, d. h., ihre extravertierten Gefühle kennenzulernen, bevor sie als Prinzessin rehabilitiert wird.

Während ich diesen Wandlungsprozess male, vermischen sich die Einfälle mit denen aus meinem letzten Märchen von »der faulen Haut« (II, 8), und auf einmal tritt Anna in einer neuen Gestalt auf, angetan mit eben dieser Glückshaut, dem Hemd, in dem sich dessen Träger immer wohlfühlen wird.

ANNA
die Schöne
Der Herr war gnädig."
BELLA

Sie trägt ihren Namen groß und bunt in den Händen: Anna-Bella (Abb. 58, S. 201). Ja, sie ist »Anna«, sie machte die Erfahrung »Gott ist gnädig gewesen«; und sie wagt es nun, auch »Bella«, die Schöne, zu sein. Sie hört auf, als »Bettelkind auf den Domtreppen« auf Zuwendung zu hoffen, als junges Mädchen hinter der Mauer mit ihrem riesigen Ohr (vgl. Kap. VI) auf ein Signal der Kommunikation zu warten.

Anna-Bella ist fröhlich, und, wie ich feststelle, noch sehr jung.

Erkenntnisse im sexuellen Bereich

Nun bringt das Unbewusste mit Träumen und Bildern ein schwieriges Thema zur Sprache: den Bezug zu meinem Körper und zur Sexualität.

Lebenslang habe ich dieses Thema ausgespart, zu groß war die Beschädigung, zu bitter die Kränkung als »die Dicke« in der Pubertät. Schritt für Schritt nähert sich das Unbewusste nun meinen alten Schmerzen und Defiziten, Schritt für Schritt sucht es einen Weg zur Überwindung geheim gehaltener Ängste.

Ich träume: Während mich die Angst in der Nähe eines Mannes bedrängt, füllt die Mutter in ihrem Garten ihre Krüge mit den Säften der Natur (Abb. 59, S. 205). Dann male ich, wie der rote Krug aus den Händen von Annas Mutter, an den Körper gepresst, ein ganz neues Körpergefühl erzeugt, zum Körper wird, zum bejahten Körper. Er wird auf einmal als rund und schön wahrgenommen, und er ist befreit von der lebenslangen Verachtung durch mich selbst. Annas Kleid ist nun weiß, ein Hochzeitskleid (Abb. 60, S. 207).

Gelingt der Aufbruch zu einer neuen Einstellung? Viele Bilder stellen sich ein. Ich male ein junges Mädchen in Winterkleidung. Es zieht sich die Schuhe an zum Weggehen. »Der Winter ist vergangen, ich seh' des Maien Schein« schreibe ich unter das Bild. Da sehe ich: Es sind ja die schwarzen Stiefel, die das kleine Mädchen trug, das auf den Domtreppen kauerte und nicht weiter wusste. »Weg mit den Kinderschuhen!« ruft das nächste Bild mir zu. Und das junge Mädchen bricht auf. Da fällt ihm mit riesigem Schrecken der Schirm aus der Hand. Es gibt keinen Schutz mehr. Die Konfrontation ist da! Der Minotaurus tritt auf (Abb. 61, S. 209). Jetzt wird meine Angst sichtbar:

Der Mann ist ein Unhold! Er ist Blaubart, der Vergewaltiger und Mörder! Seine Sexualität ist aggressiv und tötet. Schon vor 14 Jahren malte ich, wie Anna im Labyrinth vor dem blutroten Messer Blaubarts flüchtete und um

Hilfe schrie (vgl. Kap. V). Nun ist er aus der Tiefe gekommen, wo er sein Unwesen treibt. Anna steht einer fremden Kraft und Leidenschaft gegenüber; sie fürchtet sich vor Brutalität und Rücksichtslosigkeit.

Das nächste Bild fordert sie zum Blickwechsel auf. Sie befindet sich im Museum einer Marmorstatue gegenüber (Abb. 62, S. 213). Erhöht auf einem Sockel, steht ein Männerbild von klassischer Schönheit, idealisiert als Heros oder Gottheit. Die Gestalt ist nur auf sich bezogen, ihrer Vollkommenheit bewusst. Ihre Sexualität ist neutral, ohne Bezug zur Umgebung. Sie nimmt die Betrachterin nicht wahr.

Anna verschwindet vor der Herrlichkeit dieses Männerbildes. Während sie diesen Mann bewundert, erlebt sie sich als minderwertig, schämt sich ihres normalen Aussehens und zieht sich in sich selbst zurück.

Da verstehe ich:

Beide Bilder, wie ich sie mir vom Mann gemacht habe, sind so nicht gültig. Die Mitte zwischen beiden Extremen sollte gesucht werden. Das Bild des Mannes ist abhängig vom Selbstverständnis der Frau. Ich brauche mich nicht vor ihm zu verstecken, weder aus Angst, noch aus Scham. Ich bin auch liebenswert. Das Unbewusste sagt mir: Gehe auf den Mann zu, trete ihm gegenüber in deiner natürlichen Schönheit. Du bist keine graue Maus mehr!

Mein Unbewusstes, von dem ich mich leiten lasse, hat sehr gearbeitet und den Durchbruch geschafft. Es ging ja um Aufbruch in eine neue Lebensstufe hinein. Als mir bewusst wird, wie sehr ich mich von den beiden Aspekten des Mannes in meinen Vorstellungen habe einschüchtern lassen, taucht immer wieder das Bild der Mandala-Rose auf. Ich suche und skizziere sie viele Male, bis ich sie plötzlich aus fünf Heckenrosenblüten bestehend finde. Beim Malen kommt das Bild in Bewegung: Das Mandala wird zum Rosenmuster, zu einem Rosenvorhang und eine scheue Person schaut hervor (Abb. 63, S. 215). Das erinnert mich an die Rosenhecke, die sich vor Dornröschens Schloss öffnet. Da weiß ich: Die hundert Jahre Reifezeit sind vorbei!

Die Zeit der Introversion ist beendet. Die innere Entwicklung ist geschafft. Anna hat den richtigen Bezug zu sich und zum Mann gefunden. Noch sieht sie blass und unscheinbar aus.

Am nächsten Tag taucht das neue Bild auf: ein sportliches Mädchen segelt voran nach rechts in die Zukunft, und lustig flattern auf Bändern hinter ihm her: Neugier – Selbstwertgefühl – Fröhlichkeit (Abb. 64, S. 217).

An dieser Stelle meines Suchens und Nachdenkens möchte ich einhalten. Es ist nun zwanzig Jahre her, dass ich den Clown zum ersten Mal malte und mit ihm, wenn auch unverstanden, die Konflikte, mit denen ich mich auseinandersetzen musste. Als ich das Clown-Bild von mir zu deuten verstand als meine Persona, die ich nach außen zeigte, dachte ich, dass eines Tages der Clown sein Rollenspiel beenden, einen Spiegel nehmen und abschminken könnte. Dann wird er sein Gesicht zeigen, erwartete ich; dann werde ich wissen, wer ich bin.

Von einer Reise heimkommend, hatte ich das Bedürfnis, neue Bilder in meiner Wohnung aufzuhängen, lauter schöne Frauenbildnisse. Ich durchstöberte Bücher und Kunsthandlungen, dann fing ich wieder an zu malen. »Die schöne Fremde« entstand, eine erwachsene Frau mit einem roten Turban schaut aus einem Palastfenster (Abb. 65, S. 219 oben); dann male ich sie wieder in meiner Wohnung, an meinem Esstisch zusammen mit mir vertrauten Gegenständen. Ich habe Mühe, mich in ihr zu erkennen. Später taucht sie als Frühlingsbotin auf: Sie bringt den Frühling; sie bringt das Neue; ich bin da; ich habe mich gefunden; ich bin mir wiedergeschenkt worden (Abb. 66, S. 219, unten).

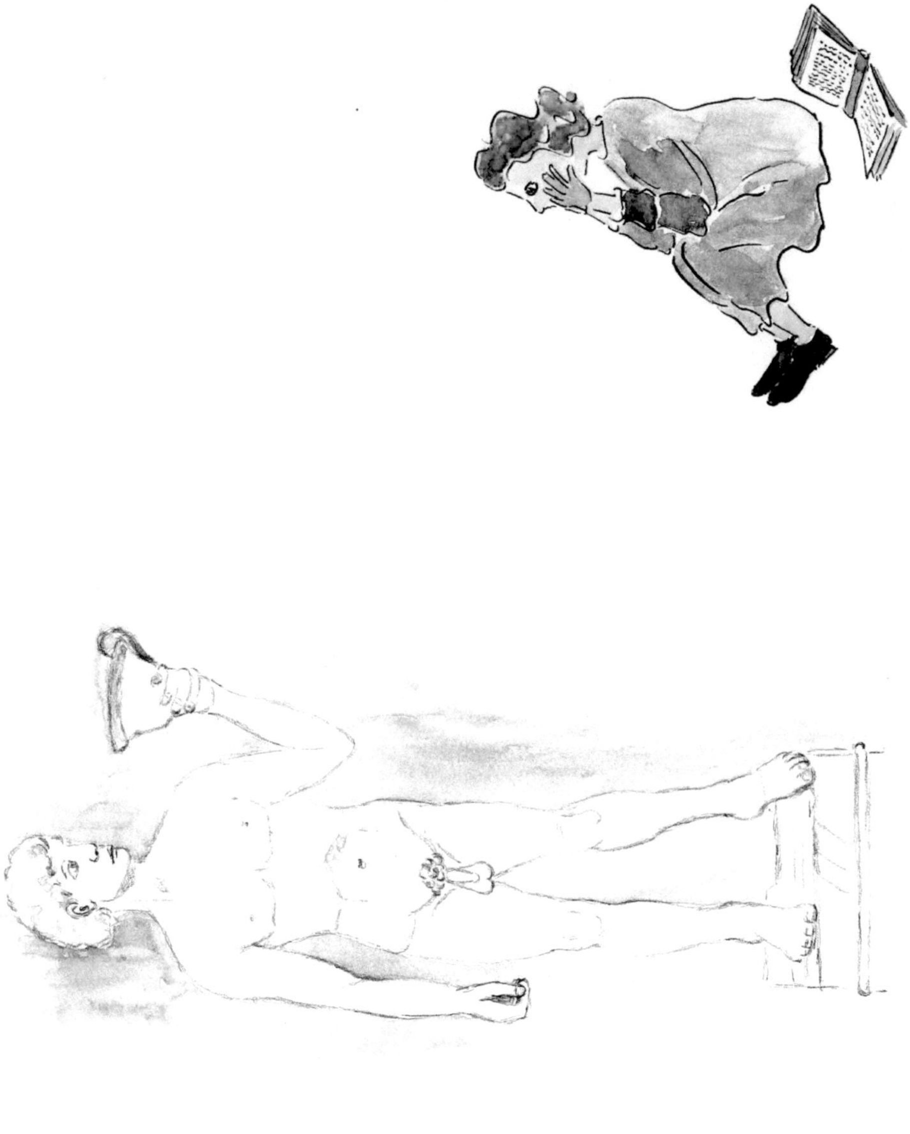

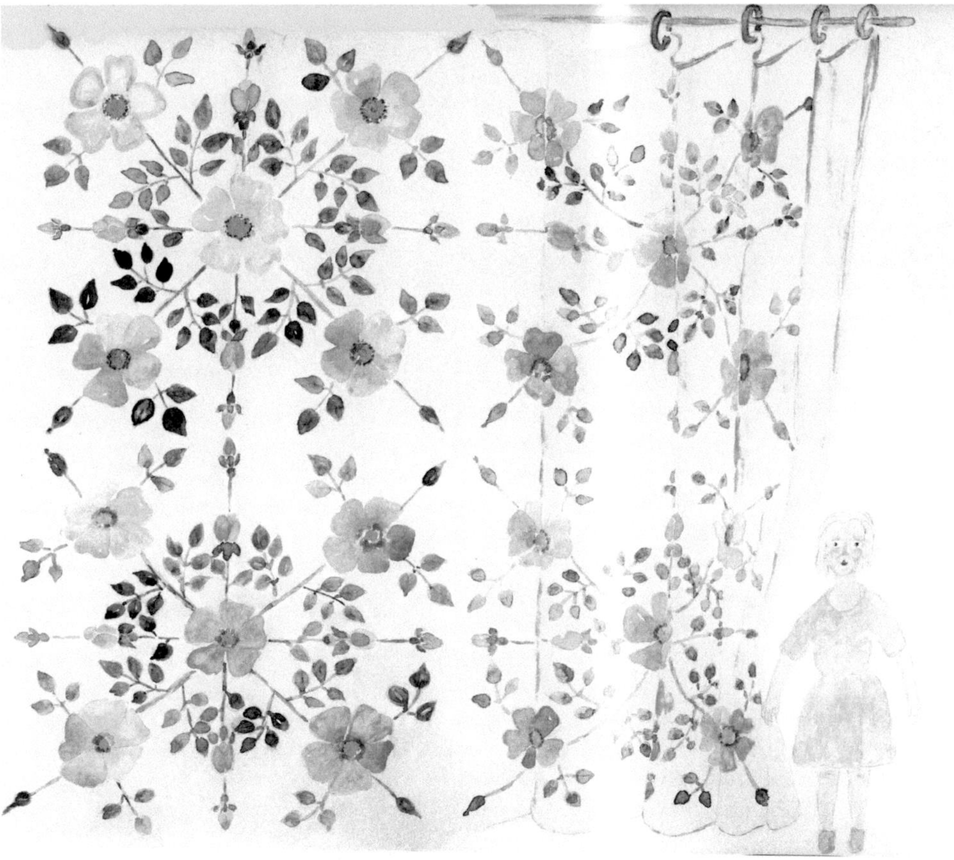

Neugier
Selbstwertgefühl

XI. Annäherung an das Selbst

Wenn ich meinen inneren Lebensweg überblicke, fühle ich mich erinnert an den so genannten tausendjährigen Rosenstock, der in einem kleinen Kreuzgang außen an der Apsis des Hildesheimer Domes wächst. Nach der Zerstörung des Domes im Zweiten Weltkrieg war er bis auf die Erde verbrannt. Alles, was über der Erde war, was man sehen konnte, war vom Feuer vernichtet. Aber der Rosenstock war nicht tot. Er schlug wieder aus, ein neues Leben drang aus den uralten Wurzeln hervor; alle Jahre kamen neue Triebe, meterhoch ranken sie nun an den Steinen der Apsiswand. Er blüht den ganzen Sommer über, nicht repräsentativ, eher zart und durchsichtig. Ihn sehe ich als Symbol für mein Leben: der Totgesagte ist nicht tot, abgebrannt und zerstört, lebte er wieder auf aus einer Kraft, die tief in der Erde wurzelt.

Wer wollte, dass ich das Leben wiedergewinne? Wer baute es Stück für Stück wieder auf, schenkte mir all die Bilder, eins nach dem anderen, wie ich sie wahrnehmen, festhalten, verarbeiten konnte? Wer hatte den Überblick und behielt das Ziel der Individuation im Auge? Wer akzeptierte mich mit allen Schwächen, Grenzen, Entstellungen und wusste das Maß und die Geschwindigkeit meines Bewusstwerdungsprozesses? Wer kannte die Möglichkeiten meiner Einsicht?

Wer steuerte mich und ging mit mir den Weg durch Verzweiflung, Trauer, Erstarrung? Wer war neben mir in der Hölle, hilfreich, stark; wer gab nicht auf, wenn ich am Ende war?

Wer hat mich getröstet, ermutigt, erlöst? Wer freut sich nun wie ich, wenn er die »Frühlingsbotin« sieht, das wiedergewonnene Leben?

Ich frage nach meinem Selbst, der Mitte in mir, nach dem von mir erfahrenen Sein, das weit über mich hinausgeht, an dem ich Anteil habe und das für mich da ist. Ich frage nach der Instanz, der ich meinen Lebensweg anvertraut habe und deren Hilfe ich immer wieder erfahre. Im Sinne von Römer 8, 28 möchte ich sie »Gott« nennen: »Wir wissen, dass Gott bei denen, die ihn lieben, alles zum Guten führt.«

Aber in meinen Träumen ist hin und wieder ein naheliegenderes Bild aufgetaucht: Dann stand mir eine hilfreiche Frau zur Seite. Sie fuhr mein Auto oder die Straßenbahn, in der ich mich befand, durch neue, nie gesehene

Wohnviertel meiner Heimatstadt; sie führte mich auf den Gipfel eines hohen Berges und zeigte mir als Ziel eine klar strukturierte Kloster-Schlossanlage im hellen Licht; sie ließ mich herrliches, frisches, sprudelndes Bergwasser für ein reinigendes Bad finden. Sie trat auch in der Gestalt einer Therapeutin auf, in deren Umarmung ich mich entkrampfte. Sie kommt mir entgegen, als ich vor Zorn in Aufruhr gerate, und schenkt mir wortlos Verständnis und Akzeptanz.

Sie wohnt in einem Gehöft in der schönen Geestlandschaft meiner Kindheit, ein Restaurant ist in ihm eingerichtet. Sie steht im Eingang ihrer alten geräumigen Villa auf der Freitreppe und erwartet mich. Sie ist wohl nicht älter als ich, aber zeitlos, souverän. So ist ihre Kleidung im einzelnen auch nicht zu beschreiben, sie ist dunkel, angemessen, würdevoll.

Zweimal noch trat meine Mitte ins Bild. Nachdem ich im Sommer 1992 den Nachlass der Eltern sortiert und nach dem Lesen so vieler alter Briefe und Dokumente mein Elternbild korrigiert hatte, konnte ich meine existenziellen Vorwürfe ihnen gegenüber zurücknehmen, und eine Atmosphäre von Versöhnung und Frieden entstand. Daraufhin träumte ich:

> *»Ich rate zwei Studenten, die einen Islandurlaub machen wollen, dort einen See aufzusuchen, der vollkommen unberührt sei, kreisrund, rein und klar. Da liegt er schon vor mir in einer schneebedeckten Berglandschaft. Vom Balkon eines Berghotels schaue ich hinüber. Nun taucht in ihm eine mächtige, rund gebaute Stadt mit starken Mauern auf, hohen Bauwerken und tiefen Straßenschluchten: das Himmlische Jerusalem. Ich höre, nur einmal alle hundert Jahre tauche sie aus dem Wasser kurz empor. Schnell will ich sie auf meinem Zeichenblock festhalten, da verschwindet sie schon wieder im Wasser.« (7/1992)*

Im Jahre 2002 stand das Bild eines griechischen Tempels so klar vor meinem inneren Auge, dass ich mich an die Arbeit machte, ihn aus der Vorstellung zu zeichnen (Abb. 67, S. 223). Das Bild ist klar begrenzt. Der weiße Tempel steht in einer symmetrischen Landschaft von gelben Feldern und einem licht-blauen Himmel. Er hat sieben Säulen, davon fasst ein Architrav fünf zusammen. Alle Wege laufen zu ihm hin oder gehen von ihm aus. Es ist ein Demeter-Heiligtum in den Feldern von Sizilien, denke ich. Hier hat die

Göttin der Fruchtbarkeit um ihre Tochter Kore geweint, die in die Unterwelt entführt wurde. Bin ich der Erdgöttin, der Großen Mutter, nahe gekommen? Der Tempel steht in der Mitte zwischen Himmel und Erde. Er repräsentiert die Harmonie zwischen Lasten und Tragen. Hier wohnt die Gottheit.

Das Himmlische Jerusalem und der Demeter-Tempel sind zwei Bilder für dieselbe Aussage: Hier berühren sich Himmel und Erde; hier ist der Ort Gottes bei den Menschen. So werde ich am Ende meines langen Weges von innen her auf eine Hoffnung verwiesen: Es gibt ein Ziel, alle werden ihren Ort, werden Gemeinschaft finden.

Gott wird bei den Menschen wohnen, [...]
und Gott wird abwischen alle Tränen [...];
denn das Alte ist vergangen. [...]
Siehe, ich mache alles neu!

(Offb. 21, 3-5)

XII. Ausblick: Verwandlung, Aufbruch, Segen

Zum Schluss möchte ich an drei Bildvergleichen sichtbar machen, welcher Verwandlungsprozess geschehen ist. Denn es fiel mir auf, dass Bilder der letzten Jahre Themen meiner ersten Bilder wieder aufnahmen und grundsätzlich veränderten.

Beispiel 1:

Nachdem ich Anna-Bella gefunden hatte, malte ich das Bild »Frühling lässt sein blaues Band wieder flattern durch die Lüfte« (Abb. 68, S. 229) und erstaunt stellte ich fest, dass es den Inhalt des ersten Clown-Bildes (Abb. 7, S. 25) in sein Gegenteil verkehrte.

Nun steht das junge Mädchen, meine emotionale Seite, in der Haltung des Clowns mit den ausgebreiteten Armen. Es fasst mit seiner rechten Hand an die Schale, das Geschenk der Eltern, aus der die Lebensranke hervorwächst. Saß einst der Tod in seiner rechten Hand, so fasst es nun das Leben. War es damals auf der linken Seite an ein kläffendes Ungeheuer angekettet, so bleibt die Hand nun leer und offen. Drückte die Last eines Elefanten einst den Clown herunter, so schwebt nun das blaue Band des Frühlings über der Frau als Zeichen der Befreiung, der Erwartung, der Hoffnung. Nun ist auch die Ortlosigkeit des Clowns gegen einen neuen Standpunkt im Leben vertauscht.

Der Clown zeigte die Aufgaben, die zu bewältigen waren; sie sind nun erfüllt. Die Arbeit ist getan, und die Frau kann in den beginnenden Frühling hinein aufbrechen.

Beispiel 2:

Nachdem Anna aus ihrem hundertjährigen Schlaf erwacht und hinter dem Rosenschleier (Abb. 63, S. 215) hervorgekommen war, tauchte in mir das Bild »Amerika – die neue Welt« (Abb. 69, S. 231) auf. Schließlich wurde mir bewusst, dass es die Umkehr meines ersten Motives: Jonas im Wal (Abb. 1-2, S. 11-13) war.

Eigentlich sah ich innen das berühmte Hundertwasser-Haus von Wien, als ich es malen will, verwandelt es sich und wird ein Dampfer. Er nähert sich

„Frühling läßt sein blaues Band wieder flattern durch die Lüfte,"
21. 3. 2001

Amerika!

einer Küste: Manhattan erscheint am Horizont, die neue Welt. Manhattan leuchtet rot! Der Neubeginn für so viele Auswanderer wird emotional erlebt. Mein Schiff war am Anfang der Analyse-Entwicklung der schwarze Wal. Nun ist mein Haus blau, gelb und weiß mit roten und grünen Einsprengseln; alle Bereiche der Wahrnehmung (gelb und grün) und des Urteilens (rot und blau) kommen vor, und die Schwärze der Depression gehört der Vergangenheit an. Die aufgewühlte dunkle Tiefe des Jonas-Bildes wird ersetzt durch eine heitere Meeresoberfläche; die nach links zurück ins Unbewusste gerichtete Bewegung von einst wird durch die neue Fahrtrichtung nach rechts aufgehoben: nach Amerika.

Jonas hat einst die Nachtmeerfahrt gewagt, den Sprung ins Chaos; nun ist er gerettet. Der Weg durch die Dunkelheit ist gefunden, ein Ziel ist sichtbar.

Beispiel 3:

Nachdem ich das Tempel-Bild (Abb. 67, S. 223) gemalt hatte, wusste ich morgens beim Wachwerden, was ich nun darstellen sollte: die »reiche Frau« im Kontrast zu dem »armen Kind« von einst (Abb. 6, S. 21).

So entstand die Frau mit dem Blumenkorb (Abb. 70, S. 235). Ich schrieb um sie herum alles, was für mich eine Rolle spielt, was ich habe, liebe und schätze. So habe ich mir bewusst gemacht, aus welchem Reichtum ich lebe. Natur und Kunst beschenken mich; ich habe Vorbilder, an denen ich mich orientieren kann, was mich befähigt zu mitmenschlicher und verantwortlicher Tätigkeit. In dem Kinderbild blieb eine Leerstelle: Ich wusste damals, was das Kind brauchte, und schrieb »ein Mensch, der mich liebt« hinein. Aber das Kind erstarrte langsam aus Trauer über die Kälte, mit der seine Sehnsucht nach Liebe verachtet, verkannt, übergangen, bagatellisiert und verdrängt wurde. Es wurde zu Kore und richtete sich in der Unterwelt ein. Nun begreift die erwachsene Frau, dass das Defizit überwunden ist.

Das Kind entdeckte den Mangel, der seine Depression auslöste; es wollte ihn von außen auffüllen, suchte Zuwendung und Hilfe von anderen Menschen, wollte wahrgenommen und geliebt werden und wurde immer wieder enttäuscht. Die Frau jedoch lernte, den Reichtum innen zu sehen; sie fand neue Kraftquellen, Selbstwertgefühl und Lebensfreude. Sie kann heute denen vergeben, die ihr die Liebe vorenthalten haben.

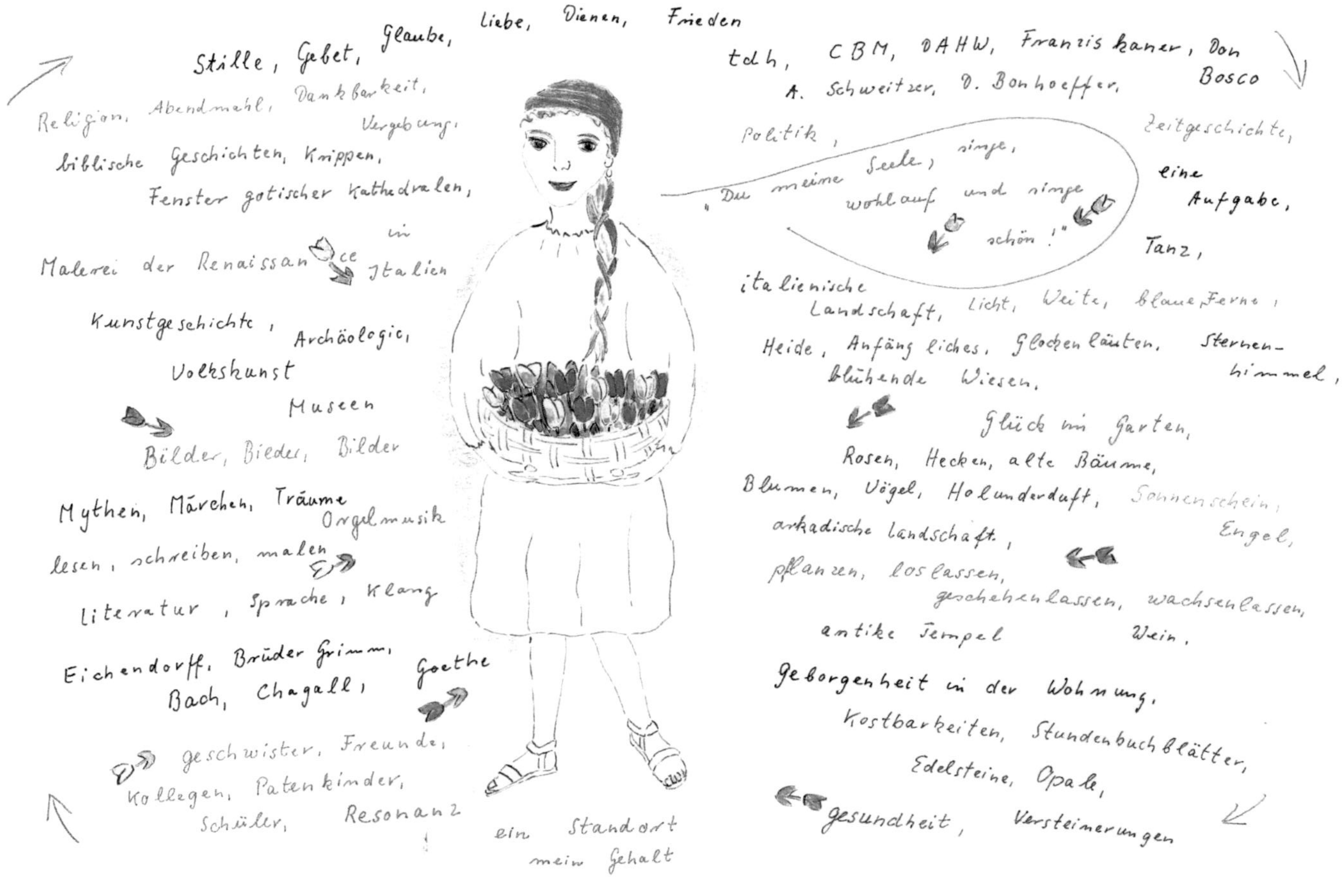
Stille, Gebet, Glaube, Liebe, Dienen, Frieden
Religion, Abendmahl, Dankbarkeit, Vergebung,
biblische Geschichten, Krippen,
Fenster gotischer Kathedralen,
Malerei der Renaissance in Italien
Kunstgeschichte, Archäologie,
Volkskunst
Museen
Bilder, Bilder, Bilder
Mythen, Märchen, Träume
Orgelmusik
lesen, schreiben, malen
Literatur, Sprache, Klang
Eichendorff, Brüder Grimm,
Bach, Chagall, Goethe
geschwister, Freunde,
Kollegen, Patenkinder,
Schüler, Resonanz
ein Standort
mein Gehalt
tdh, CBM, DAHW, Franziskaner, Don Bosco
A. Schweitzer, D. Bonhoeffer,
Politik, Zeitgeschichte,
„Du meine Seele, singe,
wohlauf und singe
schön!"
eine Aufgabe,
Tanz,
italienische Landschaft, Licht, Weite, blaue Ferne,
Heide, Anfängliches, Glockenläuten, Sternenhimmel,
blühende Wiesen,
Glück im Garten,
Rosen, Hecken, alte Bäume,
Blumen, Vögel, Holunderduft, Sonnenschein,
arkadische Landschaft, Engel,
pflanzen, loslassen,
geschehenlassen, wachsenlassen,
antike Tempel Wein,
Geborgenheit in der Wohnung,
Kostbarkeiten, Stundenbuchblätter,
Edelsteine, Opale,
Gesundheit, Versteinerungen

Ein langer Entwicklungsweg liegt hinter mir. Dass ich bis hierhin kommen konnte, erlebe ich als Segen von Gott, dessen Beistand ich viel gebraucht und oft erfahren habe. Darum möchte ich an das Ende meines Berichtes über die Suche nach mir selbst folgenden Jesaja-Text setzen, der einen Segen formuliert, der meiner tiefsten Sehnsucht entspricht: Er wandelt die erfahrene Erlösungsbedürftigkeit zu einer Kraftquelle, zu der Verheißung, dass das noch ausstehende Leben fruchtbar und für andere hilfreich wird:

Brich dem Hungrigen dein Brot, und die im Elend ohne Obdach sind, führe ins Haus! Wenn du einen nackt siehst, so kleide ihn, [...]
Dann wird dein Licht hervorbrechen wie die Morgenröte, und deine Heilung wird schnell voranschreiten, [...]
Dann wirst du rufen, und der HERR wird dir antworten. Wenn du schreist, wird er sagen: Siehe, hier bin ich.
Wenn du aus deiner Mitte niemand unterjochst und nicht mit Fingern zeigst und nicht übel redest, sondern den Hungrigen dein Herz finden lässt und den Elenden sättigst, dann wird dein Licht in der Finsternis aufgehen, und dein Dunkel wird sein wie der Mittag. Und der HERR wird dich immerdar führen und dich sättigen in der Dürre und dein Gebein stärken. Und du wirst sein wie ein bewässerter Garten und wie eine Wasserquelle, der es nie an Wasser fehlt. Und es soll durch dich wieder aufgebaut werden, was lange wüst gelegen hat, und du wirst wieder aufrichten, was vorzeiten gegründet ward; und du sollst heißen »Der die Lücken zumauert und die Wege ausbessert, dass man da wohnen könne.«
(Jes. 58, 7-12)

XIII. Nachtrag zu Kapitel X: Annas Entwicklung

Als ich im Herbst 2003 dieses Buch abschloss, war mir nicht bewusst, dass meine Entwicklung noch weiterging. Mein Bericht zeigt, dass die vier Orientierungs-Funktionen mir bekannt sind, aber nur drei erlebe ich als ausgereift: meine Rationalität, die Lehrerin, hat ihre Mitte im Kreis der Schüler gefunden; mein Empfindungsbereich, die Gärtnerin, im Netz der Natur; meine Intuition als Hans »im Glück«.

Anna aber, meine emotionale Seite, ließ ich als »junge Seglerin« im Aufbruch zurück (vgl. Kap. X). Könnte sie nicht auch ihren Glücksraum finden? Und: wie sähe dieser aus?

Anna machte einen Entwicklungsprozess durch. Zu Beginn meines Fragens und Suchens fand ich sie als kleine »Prinzessin im blauen Seidenkleid«, einsam, traurig zum Kirchenfenster emporschauend: wo gibt es Hilfe? Gleichzeitig war sie das »Bettelkind«, das vergeblich auf Zuwendung wartete; oder sie verkroch sich als »graue Maus« (vgl. Kap. V). Suchte sie Hilfe bei einem Mann, war sie eine Liebende, so erlebte sie sich entstellt als »das Fröschlein«, isoliert oder als »Kore« versteinert (vgl. Kap. VI). Hans, der wahre Freund, der Maler und Märchenerzähler, konnte sie aus ihrer Gefangenschaft befreien (vgl. Kap. VIII). Danach begann ihre Entwicklung: Sie lernte, ihre Projektionen zu durchschauen und unverstellte Realität wahrzunehmen; sie trat in einen Wandlungsprozess ein, der ihr Selbstwertgefühl, Körpergefühl und Bezug zur Sexualität schenkte (vgl. Kap. X)

Im dem Bild »Feierabendschloss« auf der Bank zwischen einem Gärtnerpaar kommt sie zur Ruhe. Sie atmet durch, gewinnt ihre eigene Kraft und wird frei von Erwartungen an andere. Dann treffe ich sie wieder, älter geworden, eine Bäuerin vor dem geöffneten Tor ihres Hofes (Abb. 71, S. 241). Um sie herum in Körben, Säcken und Kisten sehe ich die Früchte ihrer Arbeit: Kartoffeln und Nüsse, Äpfel, Birnen und Pflaumen, Zwiebeln und Wurzeln. Sie bietet an, was sie hat, die Fülle ihrer Ernte, den Reichtum der Mutter Erde. Auf dem Balken über dem Hoftor steht der alte Bauernspruch »Gottes Augen offen stehen über dies Haus Tag und Nacht«. Die Erfahrung ihres bisherigen Lebens wird sichtbar: Vater und Mutter haben sie beschenkt.

Jetzt verstehe ich: Anna ist angekommen!

Sie hat, was sie brauchte und suchte.

Ihr fehlte der Vater, nun hat sie begriffen, dass »Gottes Augen offen stehen« über ihr, dass sie nicht alleingelassen ist, dass auch sie wahrgenommen wird.

Ihr fehlte in ihrer psychischen Not die gute Mutter, nun ist sie überreich beschenkt von der Mutter Erde, kann auch sie teilhaben an der Fülle des Lebens. Ihre Sehnsucht ist erfüllt. Anna ist erwachsen; sie hat ihren Ort gefunden.

Ich beginne wieder zu malen mit einem – wie ich meine – völlig neuen Motiv: Fasziniert von der Schönheit des Abbildes einer ägyptischen Königin (um 1400 v. Chr.), kopiere ich das Porträt mit Schmuck und Kopfputz. Nur die Büste ist dargestellt, ich sehe die Königin an einem Fluss, aus den Fluten aufsteigend Abb. 72, S. 243). Im zweiten Bild ist sie ganz aufgetaucht und steht auf dem Urhügel, der sich aus dem Urwasser erhebt. Es ist der erste Schöpfungstag. Sie steht vor einer großen goldenen Sonne im Sonnenaufgang, der auch das Meerwasser golden färbt. Was male ich da (Abb. 73, S. 245)?

Ich lese in der ägyptischen Mythologie nach und finde im Schöpfungsmythos von Heliopolis eine Deutung der unbewusst wiedergegebenen Symbole: der Lotus ist Symbol der Wiedergeburt; der Gott Thot, der »Schnatterer«, ist der Schöpfer, der das Urei legte, aus dem die Welt entstand. Wen meint das Unbewusste mit der schwarzen Königin? Wer wird hier wiedergeboren?

Ich vermute, dass mein positiver Schatten ins Bild tritt. Ich weiß, dass ich einen wichtigen Teil meines Lebens nicht lebe: den Alltag in einer eigenen Familie; die Selbstverständlichkeit, zu einer Gemeinschaft zu gehören. Die Fülle des Lebens kenne ich nicht. Ich habe es reflektiert, um Konflikte zu verstehen, die die Gegenwart belasteten. Das private Leben ging wie ein Traum an mir vorüber, so aktiv und engagiert ich mich auch in den Beruf und in der Öffentlichkeit einließ.

Dieses positive Leben sah ich bei meiner Schwester; sie verwirklichte an meiner Stelle, was mir nicht möglich war. Ich habe – wie ich erkenne – mein nicht gelebtes Leben, meinen positiven Schatten also, auf sie projiziert und die Zuschauerrolle übernommen.

Nun ist die »schwarze Königin« da!

Ich verstehe, dass sie zu mir gehört und dass ich sie in meine Welt integrieren sollte. Ich müsste die Rolle, die meine Schwester für mich hatte, selber

S AUGEN OFFEN STEHN ÜBER DIES HAUS

übernehmen. Das Ich muss wachsen um alles, was ich auf sie projizierte, was sie – stellvertretend für mich – repräsentierte. D. h., ich muss mich trauen, im Mittelpunkt der Beachtung zu sein und diesen Ort auch für mich beanspruchen. Was mir in meinem Beruf keinerlei Schwierigkeiten machte, ist mir im Privatbereich ungewohnt und fremd.

Ich übe den Gedanken ein:

Anna muss in den Mittelpunkt der Beachtung treten!

Anna muss in den Mittelpunkt der Beachtung treten!

Nun wird das Unbewusste aktiv!

Es ermuntert Anna zu tanzen, zu lachen, sich zu freuen. Drei Musikanten spielen fröhliche Klezmer-Melodien. Wer nimmt sie an die Hand und dreht sich mit ihr im Kreis? Die Füchsin ist es, die einst die Spur im Winterwald, in Eis und Schnee suchte; sie hat Anna gut geführt, nun zeigt sie ihr die ersten Tanzschritte (Abb. 74, S. 249).

Eine Reihe von Bildern entsteht, die sich auseinander entwickeln. Ich wundere mich über die wechselnden Motive, bis ich bemerke, dass Anna und die Füchsin in einen Veränderungsprozess eingetreten sind: Die Füchsin erscheint als eine übergeordnete Instanz, die Hilfe, Orientierung und Bewusstsein gibt.

An Anna, die tanzen möchte, wird vom Unbewussten eine Frage gestellt: Wer bist du denn im Gegenüber eines Tänzers? Wie verstehst du dich in einer Liebesbeziehung?

Sofort sind die alten Muster wieder da!

Ich sehe und male Anna als durchsichtiges Nichts, als Erlösungsbedürftige, als Aschenputtel, die eine Spur in der Hoffnung legt, gefunden zu werden.

Das Unbewusste sagt »NEIN!« zu dieser eingeübten negativen Selbsteinschätzung. Anna muss Raum für sich beanspruchen; ihre Bedürfnisse zeigen; für sich wie für den anderen Zuwendung erwarten. Wenn sie ihre Wünsche artikuliert, sich wehrt, wo es sein muss, wird sie auch nicht übersehen.

Anna soll Person sein und in dieser Haltung einem Mann gegenübertreten. Anna muss begreifen, dass sie bewirkt, was auf sie zukommt.

Zwei neue Bilder tauchen aus dem Unbewussten auf:

Das Licht aus dem Festsaal, in dem Aschenputtel tanzte, verwandelt sich zum Goldregen, zum Segen: »Lass dir an meiner Gnade genügen.« Unter Gottes Segen verliert Anna ihre Farblosigkeit. Denn nun ist sie die schwarze Königin, auf die der Goldregen fällt. Sie wird hell, sie tritt aus dem Schatten hervor ins Leben hinein (Abb. 75, S. 253).

Aber schon verwandelt sie sich wieder.

Das Wasser, das Unbewusste, aus dem die schwarze Königin emporstieg, wird zum Bad für eine schöne Frau: Batseba tritt auf, sie tritt an Annas Stelle.

Und David konstelliert sich. Ich betrachte das Bild. David und Batseba: Beide Personen sind klar abgegrenzt in ihrem Raum. Sie stehen gleichwertig einander gegenüber. Sie definieren sich aus sich selbst: David – mit rotem Gewand, Krone und Leier – ist der Mann, der sein Gefühl zeigt und lebt; der nach dem Ehebruch seine Schuld eingesteht, sie vor Gott trägt, Buße tut und nach der Strafe (dem Tod des Kindes) sich zu Batseba bekennt und das Verhältnis legalisiert.

Batseba – in ihrer ägyptischen Schönheit (in diesem Bild) – zeigt sich nackt und verführerisch. So lenkt sie das Begehren Davids auf sich, womit sie in das Schicksal des Königshauses Israels eintritt (Abb. 76, S. 255).

Beide haben und sind etwas, bevor sie zueinander in Beziehung treten. Sie sind auf den anderen nicht angewiesen, sie brauchen ihn nicht, um überleben zu können. Sie sind ganzheitliche Persönlichkeiten.

Ich verstehe:

Dies ist das Umkehrbild zu der Karikatur, in der ich einst meine Beziehung zu Robert ins Bild brachte (vgl. Kap. VI). Hier die gelungene Paarbeziehung; dort meine und seine neurotische Pose.

Endlich kann ich das Bild, das ich von mir einem Mann gegenüber hatte, ablegen.

Nun frage ich noch einmal: Wer ist die schwarze Königin, die Schattenkönigin, die im Goldregen hell, d. h. bewusst, wird? Wer ist die Königin in mir, die endlich ans Tageslicht tritt?

Ich denke, das Unbewusste schenkt mir mein Selbstwertgefühl zurück, das in meinen unglücklichen Liebesbeziehungen ausgelöscht war. Ich kann mich innerlich aufrichten, ich kann glauben, dass mein Leben etwas wert ist.

„Wenn der Herr die Gefangenen
Zions erlösen wird,
so werden wir sein
wie die Träumenden.
Dann wird unser Mund
voll Lachens
und unsere Zunge
voll Rühmens
sein.

Der Herr hat Großes an uns getan;“
des sind wir fröhlich.
(Ps. 126)

Gott gibt mir meinen Wert zurück, er hat mich gesehen und mir geholfen in meiner Not, in meiner Suche, meinem Kampf, um leben zu können.

Nun erinnert mich das Unbewusste daran, dass auch ich einigen Menschen in meinem privaten Umkreis etwas wert bin oder gewesen bin.

Ich male Anna »im Kreis ihrer Lieben« (Abb. 77, S. 259).

Gute Sätze fallen mir ein, die der eine oder andere zu mir sagte. Das Bild zeigt nicht Eitelkeit, sondern weist Anna darauf hin, dass sie, wenn sie auch vergeblich Glück in einer Zweierbeziehung gesucht hat, mit vielen einzelnen Menschen Nähe und Sinnerfüllung erlebt hat.

Ein altes Bild, das Kind im Nesselhemd (Abb. 24, S. 89), fällt mir wieder ein. Seine bittere Aussage wird nun aufgehoben. War das Kind Opfer einer lieblosen Umgebung, so wirkt Anna jetzt hilfreich und anerkannt in ihrer Privatwelt.

Auch Anna ist in ihrem Glücksraum.

Ich habe dich für stark gehalten. Robert 2002
Du machst die schönsten Geschenke. Lilo 2002
Du hast mich begleitet. Ursel 2005
Ich danke dir, ein Stück Weiterleben mitermöglicht zu haben. 2004
Blumen, Blumen vor der Tür. Frau N. bis 1985
Schön, dass es dich gibt! 2004
Vielen Dank für die interessanten Gespräche! 2005
überall Harmonie. Peter 2003
Ich danke dir, dass du kamst, als ich dich brauchte. Gisela 1980
ein Bernstein-armband Manfred 1966
Deine Mädchenkassette: zauberhaft! So etwas Schönes! Inge 2004
Welcher Engel schickt sie uns? 1978
eine liebe Nachbarin 1997
E. hat mir das Leben gerettet. 2004
Liebe Tante E. 94
Ich freue mich, dass ich dich kennengelernt habe. Karin 2002
Ich freue mich auf viele Reisen mit dir. Monika 2004

XIV. Das Ich und das Selbst

Wer bin ich? frage ich mich. Warum gelingt mir kein Selbstporträt? Denn in der »schönen Fremden« (vgl. Kap. X) kann ich mich nicht erkennen. Meine vier Orientierungs-Funktionen haben sich verwirklicht, Denken, Fühlen, Empfinden, Intuieren, (Kap. X und XIII), aber das Ich ist mehr als die Summe von ihnen.

Das Unbewusste geht einen anderen Weg mit mir, es fordert mich wohl auf zu malen, aber nicht, was ich erwartet habe. Die Bilder, die innen entstehen, sind geöffnete Türen, die den Blick vom Dunklen ins Licht freigeben. Endlich finde ich eine solche Tür. Sie ist nur einen Spalt geöffnet, Licht fällt von außen in einen tiefen Schacht, aus dem eine Person emporsteigt. Bin ich es? Ich kann jedoch das schwere Tor nicht aufschieben. Nun sehe ich den Grund: Der Ausgang ist versperrt, Säcke, Kisten, Mühlsteine liegen davor (Abb. 78, S. 263). Ich kenne sie wohl, es ist das Gepäck, das einst der Clown mit sich schleppte, das Hans ihm abnahm und abwarf (vgl. Kap. V). Die Lasten sind nicht fort, sie liegen mir jetzt im Weg in die Extraversion, ins freie, offene, neue Leben.

Nach all den Jahren der Konfliktbewältigung hatte ich mir gewünscht, die Fülle des Lebens zu erfahren, Lebensfreude und Schaffenskraft, da wird mir plötzlich klar, dass ja auch das Leiden, die Kämpfe, die hinter mir liegen, »Fülle« meines Lebens sind. Ich erkenne: die Lasten vor der Tür kann ich zur Seite schieben, den Weg nach draußen freimachen, wenn sie leicht geworden sind, weil sie sich verwandelt haben.

Sie haben sich ja längst verwandelt!

Ich muss mir nur den Veränderungsprozess bewusst machen, der seit dem ersten Clownbild geschehen ist, um wahrzunehmen, wie die alten Lasten zu einem Gewinn in meinem Leben geworden sind.

Nun skizziere ich den Clown in seiner ursprünglichen Haltung mit den Problemen, mit denen er sich auseinandersetzen musste, und ich notiere in das Blatt hinein, was aus den Lasten an Folgen und Gewinn hervorging.

Der älteste Schmerz war der Tod des Vaters (Abb. 7, S. 25, links dargestellt). Er machte mich sensibel für Leiden, das ich nun auch bei den anderen sah; Mitleiden entstand und wurde kreativ im Engagement in der Bürger-

initiative terre des hommes, die sich für die Zukunft notleidender Kinder weltweit einsetzt.

Der Kampf mit der Mutter (rechts dargestellt) führte dazu, Hintergründe des Konflikts verstehen zu wollen, wurde zur Wahrheitssuche, schenkte Konfliktfähigkeit und Verantwortlichkeit im Handeln.

In der Liebesbeziehung vor allem zu Robert (oben wiedergegeben) träumte ich von Erlösung aus familiären Nöten und dem gemeinsamen Ziel, Gott zu dienen. Ich wurde desillusioniert, seine Gleichgültigkeit mir gegenüber drückte mich zu Boden. Ich ging durch Bitterkeit, Skepsis und Verachtung Robert gegenüber hindurch, bis ich begann, ihn in seinen Abhängigkeiten und Grenzen zu verstehen, bis ich die Kraft fand zu vergeben.

Der Standort auf der Träne schließlich (unten zu sehen) eröffnete mir wunderbare Innenräume, die ich in vielen Märchen durchwanderte, in denen ich ganz bei mir und glücklich war.

Mitten in seinen Problemen steht der Clown.

Sein Kostüm ist eine Schutzhülle. Ich wusste immer, dass er eines Tages abschminken, sein Gesicht zeigen wird, aber was heißt das? Er muss den Mut und das Selbstwertgefühl haben, seine Verwundungen zu zeigen. Er kann die Rolle ablegen, immer stark zu sein, denn nun hat er die Anstrengung durchgehalten, die Lasten zu verarbeiten. Er hat Kraft gewonnen, seine Grenzen kennen gelernt und geht mit Demut aus seiner Verkleidung hervor.

Er weiß, dass er nur mit Gottes Hilfe den lebenslangen Kampf bestanden hat.

Der Clown ist das Ich geworden.

Nun ist es mir möglich, mein Lebensziel auch alleine, so gut ich es kann, zu verwirklichen: Gott zu dienen. D. h. für mich, in der Hinwendung zur Realität mit offenen Augen die zu sehen, die an den Rand gedrängt, im Dunklen sind, und ihre Sache zu vertreten. »Tu deinen Mund auf für die Stummen und für die Sache aller, die verlassen sind.« (Spr. 31, 8)

Elisabeth (vgl. Kap. V, Abb. 30, S. 105) ist nicht abgetreten, sie ist nur auf meine Größe reduziert. Ich kann mich heute mit den mir möglichen Kräften einlassen, wo ich Not wahrnehme.

Es entstehen nun zwei Bilder kurz hintereinander, die ich mit größter Konzentration vom Morgen bis in die Nacht anfertige mit der inneren Gewissheit ihrer Bedeutung, wenn ich sie auch nicht sogleich verstehe.

Zunächst zeichne ich ein Relief aus einer norwegischen Wikingerkirche ab und koloriere es, um überhaupt die Bildelemente auseinanderzuhalten. Alles ist miteinander verschlungen, Tiere und Pflanzenranken. Ich denke dann: Ja, so ist das Leben, alles ist ineinander verknüpft; alles kämpft und wird bekämpft. Wer tötet hier wen? Das Reh die Schlange? – die Schlange das Reh? Hier wird nicht gewertet, wer gut und wer böse ist, wer Täter und wer Opfer ist.

Das Bild unterstützt meinen Versuch, Leiderfahrungen zu verarbeiten, mit Schuldzuweisungen vorsichtig zu sein; Leben auch aus den Augen der anderen zu sehen und Verhaltensweisen, die mir wehtaten, nicht länger zu verurteilen. Gelassenheit entsteht und die Bereitschaft, Schwächen von mir und anderen mit Humor zu akzeptieren.

Mit dem nächsten Bild trete ich, ohne es zunächst zu merken, in einen Schöpfungsprozess ein.

Nach dem Wikinger-Motiv will ich auf einmal Christus malen, ebenso in unser Leben verflochten wie die Tiere und Ranken miteinander in dem Stabkirchenfries.

Ein sehr altes Christusbild auf einem Runenstein gefällt mir. Ich übernehme es in seinem archaischen Ernst. Trauben müssen im Rankengewirr sein, denke ich. Da sage ich laut: »Ich bin der Weinstock, ihr seid die Reben.« (Joh. 15, 5) Das ist es: der Gekreuzigte als Weinstock!

Mit kräftigen blauen und grünen Farben gemalt, wächst nun die Pflanze um den Corpus Christi. Das Bild ist ein Quadrat geworden. Es erscheint mir kostbar und ich fülle den Hintergrund mit Goldfarben aus (Abb. 79, S. 267).

Ich verstehe: Wenn das Ich es fertig bringt, die Tür nach draußen aus eigener Kraft zu öffnen, wenn also die Lasten davor leicht geworden sind, weil es vergeben kann, nimmt es die Welt anders als vorher wahr, in die es nun eintritt.

Draußen ist Christus als Lebensbaum.

Das Ich sieht nun die Welt als eine Ganzheit, es ordnet sich darin ein, es findet seinen Platz in einem größeren Zusammenhang, und zwar als Frucht am Rebstock, der Christus ist.

Das Ich tritt zurück hinter das Selbst.

Das Selbst hat die Führung übernommen.

2. Mose 3,2
Joh. 15,5

Nun dehnt sich das quadratische Bild zu einem Kreis aus, der von Flammen erfüllt ist. Es wird zu einer Vision. Wo befindet sich dieses Feuer?

Ich male, was ich innen sehe. Das Feuer brennt in einem dürren Strauch. Ich erkenne das innere Goldbild als die Erscheinung, die Mose am brennenden Dornbusch widerfuhr (2. Mose 3, 2). Drewermanns Deutung[16] fällt mir ein: Mose in der Einsamkeit der Wüste fühlt sich wie ein vertrockneter Dornstrauch, wertlos, unbrauchbar. Aber er ist erfüllt von einem Feuer, das in ihm brennt, ohne ihn zu zerstören. Darin hört er Gottes Stimme. Mose macht eine Gotteserfahrung. Gerade er ist es, den Gott ruft; er wird in den Dienst berufen. Ich nenne das Bild: das Ich und das Selbst.

Wie Mose in der Wüste habe ich mich erlebt, einsam, ein Nichts. Aber das Feuer hat auch in mir gebrannt, der Glaube an die Möglichkeit von Wahrheit, Sinngebung und Liebe.

Nun leuchtet meine Ganzheit, mein Selbst, in mir auf und das Ich hat Anteil daran wie die Rebe am Weinstock. Von Christus kam und kommt meine Lebenskraft; er ist das Ziel meines Lebens. »Wer in mir bleibt und ich in ihm, der bringt viel Frucht; denn ohne mich könnt ihr nichts tun.« (Joh. 15, 5)

Noch ist mein Erkenntnisprozess nicht abgeschlossen. Der trockene Dornbusch gerät in Bewegung. Er wird zur roten Koralle, zum Meeresbaum, zu einem Sinnbild für Feuer, Licht und Leben.

Da ergreift eine mächtige Strömung den Korallenbaum, er wird im Sturm – wie in Flammen stehend – nach rechts ins Leben gedrängt. Das Gedicht des jungen Goethe »An Schwager Kronos« kommt mir in den Sinn, und wie er möchte ich mich »rasch ins Leben hinein!« stürzen. (Abb. 80, S. 271)

Es ist ein strahlender Septembermorgen.

Es ist der erste Schöpfungstag, denke ich.

Nun sehe ich den Baum wieder vor mir, meinen Lebensbaum, mein Ich: in der Mitte einer grünen Erde, umgeben von einem weißen Ring mit roter und goldener Linie, dann inmitten des blauen Meeres. Um dieses schließt sich lichtdurchflutet der Himmel in den Farben des Sonnenaufgangs.

Sonne und Mond haben hier ihren Ort und als Sternbilder die Zwillinge und der Skorpion.

„Spute dich, Kronos,
Sturm
rasch ins Leben
hinein!"

Ein Mandala ist entstanden: das Ich im Ganzen der Schöpfung. Der Raum des Bewussten und Unbewussten ist nun klar abgegrenzt, eingeschrieben in den größeren, kosmischen Bereich (Abb. 81, S. 275).

Die Zwillinge und der Skorpion beziehen sich auf die Stunde meiner Geburt: Die Sonne stand damals im Zeichen der Zwillinge, während der Skorpion als Aszendent aufging. Aus den Deutungen der Astrologen für die Zwillings-Geborenen kann ich in mir die Fähigkeit wieder finden, den anderen zu sehen und zwischen zwei Positionen zu vermitteln. Mit dem Skorpion andererseits trat das Dunkle und Zerstörerische in mein Leben, das ich als Lebensaufgabe zu bewältigen hatte.

Der Skorpion ist den Zwillingen gegenüber gemalt, halb verborgen im Ring aus Wolken, der den kosmischen Raum meines Bildes umschließt. Weiter kann mein fragendes Denken nicht vordringen, es ist an seine, an unsere menschliche Erkenntnisgrenze gekommen.

Wenn mich auch Astronomie und Astrologie noch so sehr beschäftigen, meine Vorstellungsfähigkeit endet im Staunen und dann in der Andacht bei Informationen und Bildern aus der Tiefe des Weltenraums.

Wenn ich mein Bild betrachte, muss ich an die beiden Gottesreden aus dem Hiobbuch (Kap. 38 - 42) denken, in denen der sich verzweifelt mit Gott auseinandersetzende Hiob Antworten auf seine Klage und Anklage erhält:

In der ersten Rede wird Hiobs Blick weg von sich auf die großen Zusammenhänge der Schöpfung gelenkt. Gott zeigt Hiob, dass er wie alle Lebewesen und Naturerscheinungen seinen Platz hat im Ganzen des Daseins. Er wurde nicht überhört oder übersehen, er gehört an seiner Stelle in die Gemeinschaft des Lebens.

So hat auch mein Ich, der grüne Baum in der Bildmitte, seinen Ort auf der Erde gefunden.

In der zweiten Rede gewinnt Hiob Einblick in Gottes Schöpfungsgeheimnis, eine Einsicht in die Gegenwart des Bösen in der Welt. Gott wird für Hiob zum deus absconditus, zum unbegreiflichen Gegenüber, der das Böse als »Erstling« seiner Werke erschuf. Es ist Teil der Gegebenheiten der Welt, meist verborgen, unbesiegbar. Gott warnt vor dem Kampf mit dem Chaos, da nur er es einst vernichten kann.

Der Skorpion, halb versteckt in den Wolken am Rand der noch erfassbaren Welt meines Bildes, deutet diesen Zusammenhang an. Das Böse ist ein

Bestandteil der Schöpfung wie das Gute, die sie erhaltenden Kräfte; vor diesem Hintergrund geschieht unser Leben. Das Böse tritt zerstörend ins Leben ein und ihm gegenüber macht der in Bedrängnis geratene Mensch die Erfahrung seiner Ohnmacht. Wer nun Gott vertrauen kann, dass er in der Not hilft; wer nun Gott einbezieht in sein gefährdetes Leben, der wird die wunderbare Erfahrung machen, dass Gott ihn durch die Leidenszeit hindurchführt. Gott ist da als der, der mit uns durchs Leben geht, der die Kraft gibt durchzuhalten und die Auseinandersetzung mit der Verzweiflung zu einem Prozess der Selbstfindung werden lässt.

Hebt dieses Bild vom »ersten Schöpfungstag« das von »Jonas im Bauch des Wal« auf, mit dem ich zum ersten Mal ein Bild aus dem Unbewussten wahrnahm? Damals schrie die zur Mumie verschnürte Gestalt in der schwarzen Tiefe des Meeres »aus dem Bauch der Hölle«. Sie hat es gewagt, sich ganz auf Gottes Beistand zu verlassen, und sie hat ihre Rettung in vielen kleinen Schritten auf dem langen Weg im Laufe von inzwischen zweiundzwanzig Jahren erlebt.

Heute schaue ich staunend auf das Ergebnis, das aus dem Dialog mit dem Unbewussten entstanden ist:

Ich bin mir wiedergeschenkt worden.

So endet dieses Kapitel in großer Dankbarkeit mit einem Hymnus auf die Herrlichkeit Gottes. Mit roter Tinte schreibe ich ihn wie einst den Schrei des Jonas auf den Hintergrund des Dargestellten:

Die Himmel erzählen die Herrlichkeit Gottes,
und die Feste verkündigt seiner Hände Werk.
Ein Tag sagt's dem anderen,
und eine Nacht tut's kund der nächsten.
Wie wunderbar sind deine Werke!
Herr, du bist unsere Zuflucht für und für.
Ehe denn die Berge wurden
und die Erde und die Welt geschaffen wurden,
bist du, Gott, von Ewigkeit zu Ewigkeit.

(Psalm 19, 2-3; 66, 3; 90, 1-2)

Im Jahr 2006 führt eine neue Bilderreihe mich zu weiteren Einsichten in die Möglichkeiten und den Sinn des Lebens. Ich beschäftige mich mit der Artussage und Gralslegende, mit Fragen der Überlieferung und mit ihrer Deutung von Marie-Louise von Franz.[17] Dann stellt sich aktive Imagination ein: Zunächst sehe ich eine Ferne in diffusem Licht, in deren Mitte eine blaue Burg auftaucht. Ein Reiter ist auf einem Serpentinenweg dorthin unterwegs (Abb. 82, S. 279).

Die Burg erscheint nun auf einem Felsen im Abendlicht und auch das sie umgebende Gewässer glänzt in der untergehenden Sonne. Im dritten Bild spiegeln sich Berg, Mauern und Türme golden im See. Ein Jäger tritt mit seinem Pferd aus einem Waldesdickicht und bleibt staunend stehen (Abb. 83, S. 281). Obwohl eine Steinbrücke über das Gewässer führt, betritt er die Burg nicht.

Wohin ist er gekommen? Was liegt vor seinen Augen? Es ist die Gralsburg, denke ich, das Ziel der Suche der Artusritter im 12. Jahrhundert. M.-L. von Franz deutet die Gralssuche als Individuationsprozess, die Gralsburg als das endlich erreichte Ziel, das Selbst des Suchenden, und den Gralskelch als die Seele, die offen ist, den göttlichen Geist zu empfangen. Denn der Gral ist das Gefäß, das aufnehmen kann, was von Gott kommt: In der Legende ist er der Abendmahlskelch, in dem das Blut Christi aufgefangen wurde; in der Sage enthält er die Hostie, die den kranken König weiterleben lässt, oder die Speise für die Gralsgesellschaft.

Ich frage mich: Was deutet das Spiegelbild der Gralsburg an? Welche Einsicht wird dem reflektierenden Bewusstsein vermittelt? Macht das Bild auf die Möglichkeit aufmerksam, mein Leben noch besser als bisher zu verstehen?

Ich habe Gott erlebt als den, der mich durch Notzeiten führte, der mir geholfen hat. Hat er mich in meiner Not gehört, so kann ich ihn jetzt auch wahrnehmen als den, auf den ich höre. Der Mensch ist immer der zuerst von Gott Angesprochene. Ich kann versuchen, seinen Willen zu beachten und im Alltag umzusetzen.

Auf einmal finde ich eine Antwort auf eine brennende Frage meines Lebens (vgl. Kap. IV): Warum hat Gott in Auschwitz nicht eingegriffen, das entsetzliche Morden geschehen lassen – der er doch der Allmächtige ist? Ich begreife: Er ist kein Deus ex Machina, kein Blitze schleudernder Zeus! Er handelt durch den Menschen, der auf ihn hört; ja, er kann nur eingreifen in

Katastrophen, wenn er Menschen hat, die seinen Willen tun, unabhängig von ihrer eigenen Gefährdung. Ich sollte nicht zu gering von den Möglichkeiten des Menschen denken!

Meine Entdeckungsreise nach innen geht immer weiter.

Während eines Bach-Orgelkonzertes hatte ich das Gefühl, mitten im Paradies zu sein. Gott wurde Gegenwart, »Omnipräsens«, erfahrbar als »alles – immer – überall«. In mir entstand wieder ein Bild: Zunächst malte ich strahlendes Licht, das aus der Mitte eines Kreises hinter barocken Wolken hervorbricht. Ich sah in eine sich über mir wölbende Kuppel hinein. Nun wurde am Horizont ein mächtiger Mauerring, aus Lehmziegeln gebaut, mit goldenen Toren sichtbar.

Wo befinde ich mich?

Aus welcher Perspektive schaue ich um mich? Ich blicke von unten in den geöffneten Himmel und von innen in den Kranz der Stadtmauer hinein. Bin ich im Zentrum des Himmlischen Jerusalem (vgl. Kap. XI)?

Mein Traum von 1992 wusste, dass man nur einmal in hundert Jahren einen Blick auf die Stadt werfen könne; die Johannes-Offenbarung zeigt »die Stätte Gottes bei den Menschen« (Joh. 21, 3) in einer Vision. Welche Erfahrung ist es denn, die dieses Bild mir einprägt?

Ich lese noch einmal die erste Seite meines Buches, die sich auf den Anfang meines inneren Weges bezieht.

Ja, »ich schrie aus dem Bauche der Hölle« !

Ja, »du hörtest meine Stimme« ! (Jona 2, 3)

Ja, »du hast mein Leben aus dem Verderben geführt, Herr, mein Gott.« (Jona 2, 7)

Nun, mitten in mir, erfüllt sich, worauf ich mich in der Not eingelassen habe: »Ich bin bei euch alle Tage« (Mt. 28, 20).

In dieser inneren Ruhe und Gewissheit kann ich mich aber nicht einrichten.

Ein neues Bild entsteht. Es zeigt die goldene Stadt nun von außen, inmitten einer Wüste gelegen. Eine Kamelkarawane trifft gerade ein, viele Tiere kommen noch von rechts in den Bildausschnitt hinein. Der Karawanenführer hat das Ziel der Wüstenwanderung erreicht. Er sitzt, in ein blaues Nomadengewand gehüllt, hoch auf seinem Tier und wartet, dass alle Tiere – schwer beladen – eintreffen (Abb. 84, S. 285).

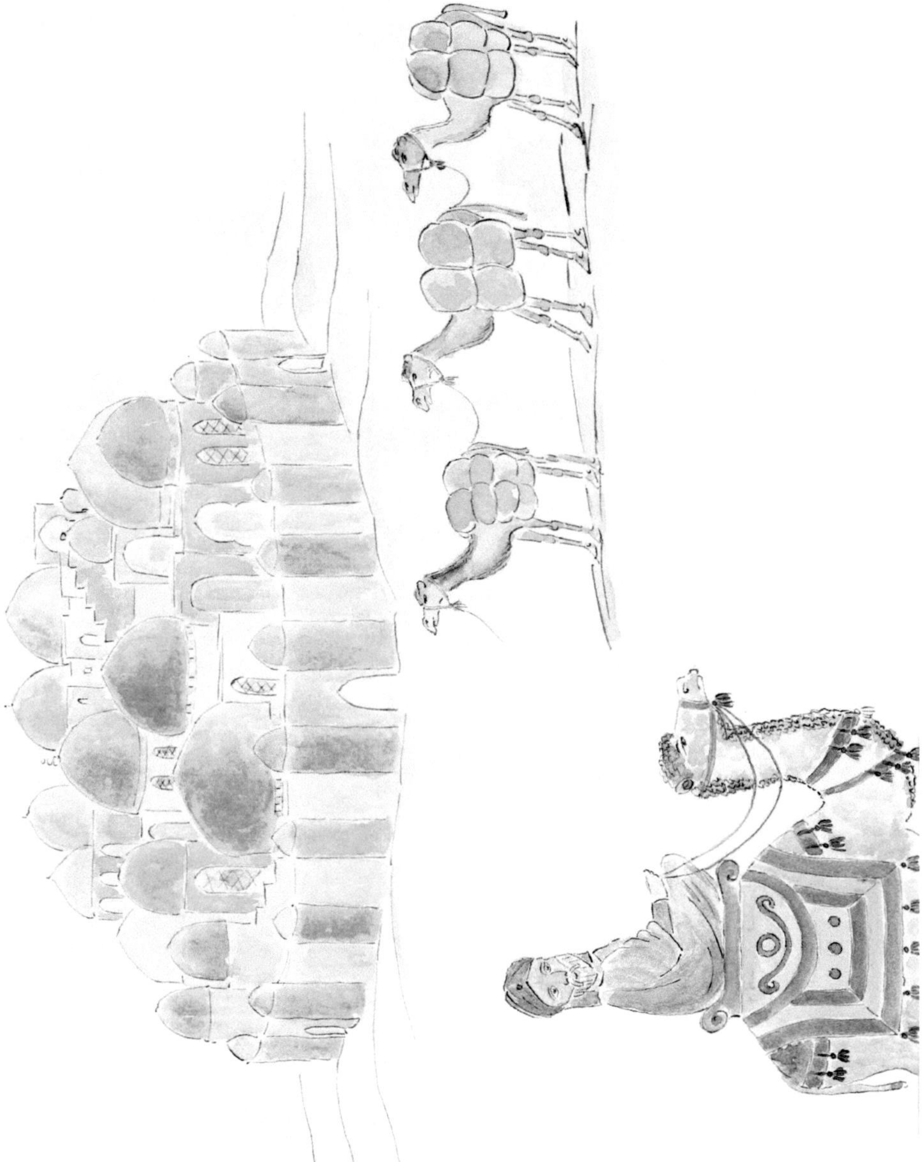

Eine große Dankbarkeit gegen diese neue Gestalt aus meinem Unbewussten steigt in mir auf. Sie hat mich auf meinem langen Lebensweg geführt, quer durch die Einöde, die Durststrecken; sie hat das Ziel – die goldene Stadt – angesteuert, das mir unbekannt war. Bald wird sie die Lasten abladen und die in ihnen bewahrten Schätze werden zum Vorschein kommen. Ich kann in meine Alltagswelt zurückkehren, gut ausgerüstet mit dem Reichtum, der nun zur Verfügung steht. Vielleicht werde ich später einmal erfahren, wer der Karawanenführer ist, der mir so hilfreich zur Seite stand.

Ich wünsche mir, ihn noch einmal anzutreffen, ihn näher kennen zu lernen. Ist er der Archetyp, den C. G. Jung den »alten Weisen« genannt hat? Plötzlich ist er wieder da! Ich schaue einen Film über die Maya an und erinnere mich, wie ich einst in Chichen Itza/Yukatan im Inneren einer Pyramide einer Gottheit gegenüber stand, einem Jaguarbild aus rotem Porphyr mit eingesetzten Türkisen, und wie die grünen Augen im Licht einer Taschenlampe uns entgegen funkelten. Wir störten die Dunkelheit und die Stille in diesem Tempel oberhalb vieler Treppenstufen, der – von Archäologen wieder zugänglich gemacht – von den Maya einst, nach Ablauf eines Zeitalters, mit einer neuen Pyramide übermantelt worden war. Die alte Gottheit wurde eingemauert und in das Vergangene verbannt. Jahrhunderte hat sie überdauert und nun fletscht sie die Zähne vor uns. Es ist Tezcatlipoca, der Jaguar, einer der vier Götter des Totenreiches. Er ist der Gott der untergehenden Sonne. Er frisst sie am Abend und schleppt sie durch das Reich der Nacht, bis er sie am Morgen wieder in den neuen Tag frei geben muss.

Ich sehe in diese Unterwelt hinein, aber ich erblicke noch mehr: Eine große Tür öffnet sich hinaus ins Licht und in ihr steht in seinem blauen Gewand der Karawanenführer, der alte Weise. Er steht vor den Treppenstufen, die zum Ausgang führen. Er verweist auf den Weg hinaus. Ich begreife: Er führt durchs Leben und auch durch den Tod (Abb. 85, S. 289).

Da hetzt in der schwarzen Tiefe der Jaguar mit der gefangenen Sonne im Rachen vorbei. Die Bedrohung ist real: Licht, Wärme und Leben werden vernichtet durch den Tod. Hinter dem Gebirgshorizont aber geht eine neue Sonne auf in den blauen Tag hinein, der sich nun als das Gewand des alten Weisen zeigt. Er ist es, der das Schattenreich in sich einschließt. Das Leben geht nicht verloren, auch nicht im Rachen des Jaguar, im Tod. Mein Unbewusstes weist in seiner Bildersprache über mein Leben hinaus (Abb.86, S. 291).

Nun führt es mich an den Anfang der Individuation zurück: Die Unterwelt der Maya-Mythologie erscheint in der Gestalt des schwarzen Wals, der Jonas gefangen hielt. Aus ihm wird von einer hilfreichen, sich aus den Wolken hervorstreckenden Hand ein Mensch heraus gezogen in den leuchtend blauen Tag. Ich erkenne Anna wieder im gelben Kleid, das die Sonnenfarbe des vorhergehenden Bildes spiegelt. Die Situation des Beginns meines langen Weges tritt noch einmal ins Bewusstsein; die Hilfe ist geschehen, das Versprechen ist erfüllt: »Rufe mich an in der Not, so will ich dich erretten.« (Ps. 50, 15)

Dieses Schlussbild mache ich zum Deckblatt meines Buches.

Einmal male ich noch – in Anlehnung an eine mittelalterliche Handschrift – Christus: Pantokrator im lichterfüllten Raum, Herr über Leben und Tod. Er soll das letzte Wort haben (Abb. 87, S. 295).

Anmerkungen

1 Else Lasker-Schüler, in: Ergriffenes Dasein, deutsche Lyrik des 20. Jahrhundert, Hrsg. E. Holthusen, F. Kemp, Ebenhausen bei München 1959, 7. Aufl., S. 180,
2 Wolfgang Schmidbauer: Die hilflosen Helfer, Hamburg 1980
3 Paul Celan: »Todesfuge«, in: Mohn und Gedächtnis, st 231, Frankfurt a. M. 1975, S. 37
4 Dietrich Bonhoeffer: Widerstand und Ergebung, GTB Siebenstern 1978, 10. Aufl., S. 155; Brief vom 25. 5. 1944
5 Glaubensbekenntnisse für unsere Zeit, hrsg. von G. Ruhbach, Gütersloh 1971, S. 58
6 Dorothee Sölle: Im Hause des Menschenfressers, Texte zum Frieden, rororo aktuell 4848, Reinbek bei Hamburg 1981; darin: Gott lebt ohne Schutz, S. 103
7 vgl. zu diesem Thema: D. Sölle: Atheistisch an Gott glauben, Olten 1968; und viele weitere Veröffentlichungen; Schalom Ben-Chorin: Als Gott schwieg, ein jüdisches Credo, Mainz 1986
8 Bruno Bettelheim: »La Belle et la Bête« in: Kinder brauchen Märchen, München 1981, 4. Aufl., S. 362
9 zur Entstehung und Problematik dieser Rolle: Josef Giger-Bütler: Sie haben es doch gut gemeint, Depression und Familie, Weinheim, Basel 2003, Teil 2 und 3, S. 53–132
10 Hans Jellouschek: Der Froschkönig; Ich liebe dich, weil ich dich brauche, Zürich 1985
11 Brehm, Edda: Der Brief – Mosaik einer Liebesgeschichte, Bremen 1988
12 Eugen Drewermann: Tiefenpsychologie und Exegese II, Olten und Freiburg 1987, S. 745
13 Marie-Louise von Franz: Der ewige Jüngling, der puer aeternus und der kreative Genius im Erwachsenen, München 1987
14 Robin Norwood: Wenn Frauen zu sehr lieben; die heimliche Sucht gebraucht zu werden, rororo 1490, Reinbek bei Hamburg 1992
15 Paul Gerhardt–Lied, EKG Nr. 294, Hannover 1952
16 Eugen Drewermann: Tiefenpsychologie und Exegese, II, a. a. O., S. 379-392
17 Emma Jung/M. - L. von Franz: Die Gralslegende in psychologischer Sicht, Düsseldorf, Zürich 2001

Verzeichnis der Abbildungen